高中生心理健康教育

(第2版)

彭跃红　邓公明　贺小卫　主　编

张金慧　张美珍　副主编

清华大学出版社

北　京

内 容 简 介

本书是根据教育部颁发的《中小学心理健康教育指导纲要(2012年修订)》的文件精神，针对高中生的实际情况编写而成。全书共分八章，内容包括环境适应、自我认识、学会学习、创新创造、面对考试、交往有术、快乐相处、情绪管理8个专题。每一节都由心灵故事、典型案例、测一测、知识导读、策略训练、反观自我、活动拓展7部分组成。

本书旨在帮助高中生确立正确的自我意识，培养创新精神和创新能力，掌握学习策略，开发学习潜能，提高学习效率，积极应对考试压力，克服考试焦虑；帮助高中生正确认识自己的人际关系状况，培养人际沟通能力，促进积极的情感反应和体验，正确对待和异性同伴的交往，提高承受失败和应对挫折的能力，形成良好的意志品质。

本书融科学性、可读性和可操作性为一体，既可作为高中生心理健康教育教材，也可作为高中教师进行心理健康辅导的参考书。

图书在版编目(CIP)数据

高中生心理健康教育 / 彭跃红，邓公明，贺小卫主编. —2版. —北京：清华大学出版社，2021.4
(2022.12重印)

ISBN 978-7-302-57718-8

Ⅰ. ①高… Ⅱ. ①彭… ②邓… ③贺… Ⅲ. ①心理健康－健康教育－高中－教学参考资料
Ⅳ. ①G444

中国版本图书馆CIP数据核字(2021)第050112号

责任编辑：王 定
封面设计：周晓亮
版式设计：思创景点
责任校对：马遥遥
责任印制：沈 露

出版发行：清华大学出版社
网 址：http://www.tup.com.cn，http://www.wqbook.com
地 址：北京清华大学学研大厦A座 **邮 编**：100084
社 总 机：010-83470000 **邮 购**：010-62786544
投稿与读者服务：010-62776969，c-service@tup.tsinghua.edu.cn
质 量 反 馈：010-62772015，zhiliang@tup.tsinghua.edu.cn
印 装 者：小森印刷霸州有限公司
经 销：全国新华书店
开 本：185mm×260mm **印 张**：14 **字 数**：298千字
版 次：2017年10月第1版 2021年6月第2版 **印 次**：2022年12月第3次印刷
定 价：49.80元

产品编号：088244-01

本书编委会

序　　言

人生各种奋斗目标归结起来就是两个字：幸福。通往幸福之路，健康的心态是基石。生活常态包含了顺利与挫折、付出与获得、自由与自律。一个人洋溢着积极向上的精神，充满了乐观心态，更善于经营生活、得体交际，才能放大格局、走向成功。

学生时代，塑造品格，影响一生。如果一个人能够从自己或顺利，或曲折，或成功，或失败的经历中去体验、去品味、去探索、去总结，而且总是怀抱一颗不灭的信念火种，不是去武断地否定新的事物，而是去不断地否定旧的自我，那么随着生命历程的推进，我们的经验就会日趋丰富，我们的心灵就会得到升华，我们对客观事物的认识就会越来越接近真相。我想，对心理健康教育的探究也是如此。

真正的教育应从“心”抓起，从学生心理成长的规律抓起，从预防和发展抓起。我们全面启动“心理健康教育五年行动计划”，就是要由关注和解决学生的心理问题转向关心和培养学生积极的心理品质，倡导和推行积极的心理引导、干预，开发学生的心理潜能，做好心理预防工作，使师生和家长具备心理健康的常识并且知晓寻求帮助的途径，让学生学会自尊自强、理性平和、积极向上，让他们的心灵深处都充满阳光和自信。

每一位孩子都是一朵花，只是花期各不相同，而教育的使命就是精心呵护，静待花开。期盼我们的教师能够以心理健康教育为契机，积极打开每一位孩子的心扉，走进孩子们的内心世界，陪伴他们健康成长，赢得他们内心的认可，让校园时光成为他们成长路上最难忘的记忆。

第 2 版前言

近年来，国家进一步强调了心理健康教育的重要性，教育部也联合相关部门出台了一系列促进学生心理健康教育的文件，其中特别强调要求学校开足开好心理健康教育课。

《高中生心理健康教育》一书于 2017 年 10 月出版，受到了广大教师、学生的青睐，得到了广大读者的认可，不少学校和读者纷纷来电、来函要求再订此书。读者在肯定本书为他们开设心理健康教育课程提供了极大的参考和便利的同时，也指出了一些小问题，并期望本书的内容能够更加具有针对性和时代性，以提高教材的使用效果。基于上述原因，我们决定对本书进行再版，相对于第 1 版，第 2 版主要做了以下修改：

第一，用新颖的案例替换了相对比较陈旧的案例，使案例更加具有吸引力，贴近学生的生活实际；

第二，对训练策略进行了增加、删除和修改，使训练策略更加实用且更具操作性；

第三，把当下的热点事件和心理学的一些新近研究成果有机地融合；

第四，对全书的文字做了修改，使文字表达更加精练和准确。

感谢所有编者的辛勤付出，期望本书的修订能够更好地为上好、上活高中生心理健康教育课提供帮助，也欢迎一线教师及广大读者提出宝贵意见。

编　者

2021 年 1 月

第 1 版前言

国家倡导，每个人都要成为自己心理健康的第一责任人。心理健康教育已经受到国家、地方政府以及各类学校前所未有的重视。很多学校在心理健康教育方面投入了大量的人力、物力和财力，建立了心理咨询室，加强了心理健康教育师资队伍建设，也开设了心理健康教育课程，但效果仍不尽如人意。从教育实践角度来看，怎样科学、有效地开展学生心理健康教育工作，仍然是急需解决的课题。

一直以来，我国中西部地区（尤其是农村地区）的中小学心理健康教育资源匮乏，基础薄弱，“缺医少药”的现象普遍存在。近几年，无论是家长还是学校都逐渐意识到培育一个人格健全的孩子远比知识的掌握更重要。因此，各类学校也把心理健康教育课程纳入了教学计划，但心理健康教育课程究竟教什么，应该怎么教仍然是困扰大家的一大难题。针对这种情况，编写一套符合学生实际的、有助于学生成长的本土化心理健康教育教材就显得尤为重要。本套教材由大学资深心理学教授以及中小学一线心理老师在反复调研、交流的基础上编写而成，期望能在一定程度上解决心理健康教育课程“教什么”和“怎么教”的问题。

本套教材共 3 本，分别针对小学、初中和高中 3 个阶段，每本教材都有不同的内容和编写体系。本书是针对高中阶段的教材，内容主要包括环境适应、自我认识、学会学习、创新创造、面对考试、交往有术、快乐相处、情绪管理 8 个专题，每一节都由心灵故事、典型案例、测一测、知识导读、策略训练、反观自我、活动拓展 7 部分组成。

(1) 心灵故事：选择一个非常贴近主题的故事或一段精彩的话语，引出本节主题。

(2) 典型案例：选取学生们关心的、具有现实意义的生活事件或心理行为案例，引起学生心灵上的共鸣，导入主题。

(3) 测一测：选择一个贴近本节主题的小测试，帮助学生更好地认识自己、评估自己。

(4) 知识导读：运用心理学知识和方法对典型案例进行分析和指导，说理通俗易懂、深入浅出。

(5) 策略训练：针对每个主题中出现的问题，提出解决问题的常见策略。

(6) 反观自我：包括“问一问”和“想一想”两部分。“问一问”部分，提出学生会遇到的相关问题，让他们思考应做出何种反应以及如何处理，帮助学生更好地了解自己。“想一想”部分，选择一个贴近主题的心理故事，让学生谈谈体会。

(7) 活动拓展：根据主题设置游戏活动，让学生在游戏活动中体验、分享、成长，最大限度地发挥自己的心理潜能。

总之，本书融科学性、可读性和可操作性为一体，既可作为高中生心理健康教育教材，还可作为高中教师进行心理健康辅导的参考书。

在编写本套教材的过程中，新干县教育局钟海林局长做了大量的组织协调工作，并结合他几十年的教育实践经验提出了很多具体指导意见，主编及参编人员通力合作，在此谨向所有参与支持该项工作的各位人士表示衷心的感谢！也诚恳欢迎同行、一线教师及广大读者提出宝贵意见。

编　者

2017 年 3 月

目　录

第一章　环境适应

第一节　适应新环境

心灵故事

每年到 9 月份，熙熙攘攘的高中校园里就会出现许多新面孔，他们是刚刚从丰富多彩的初中生活跨入紧张有序的高中生活的高一新生们。他们带着好奇和憧憬而来，但是，大部分学生对即将开始的高中生活是陌生的。由于环境的改变、学习要求的提高和生理上的发育，他们可能会感到不适应。怎样调整自己的心态，尽快适应新环境，迈好高中生活第一步呢？

典型案例

我该怎么办

高中终于开学了。独自来到一个人生地不熟的地方上学，我发现这里的同学对待学习的态度差异太大了：有的同学一天到晚都在疯玩，根本不把学习当回事儿；有的同学却在拼命地学习，不肯浪费一分一秒的时间。学校和老师对我们的要求也比以前严格多了，各种纪律上的要求、学习上的要求……这还不算，睡眠也严重不足，每天六点多钟就要起床，做早操，上早读。最让人受不了的是学习科目暴增，每天都是堆积如山的作业，做都做不完，根本没有时间做自己喜欢的事情。还有学校食堂里饭菜的口味，和家里根本没法比。不想再吐槽了，我现在好想家呀，我已经有两个星期没有见到爸爸妈妈了……

天啊！我该怎么办啊？

【想一想】

刚刚升入高中，来到一个新环境，必然会有很多地方不太适应，不少同学甚至对此无所适从，遇到事情往往不知所措，经常会有“我该怎么办”的疑问。作为一名高一新生，你刚来到新环境时，遇到过什么麻烦事呢？你的适应能力怎么样呢？

测一测

心理适应能力自测问卷

下面的问题能帮助你进行心理适应能力的自我判别。请认真阅读，并判断这些描述与实际情况的符合程度，然后针对每个问题从“是”“无法肯定”“不是”三个备选答案中选出一个与自己实际情况较符合的答案。

(1) 我最怕转学或转班级，每到一个新环境，我总要经过很长一段时间才能适应。

(2) 每到一个新的地方，我都很容易与别人打成一片。

(3) 在陌生人面前，我常无话可说，甚至感到尴尬。

(4) 我最喜欢学习新知识或新学科，它能给我一种新鲜感，并能调动我的积极性。

(5) 每到一个新地方，我第一天总是睡不好，即使是在家里，只要换一张床，有时也会失眠。

(6) 不管生活环境有多大变化，我都能很快习惯。

(7) 越是人多的地方，我越感到紧张。

(8) 我的考试成绩多半不会比平时练习差。

(9) 全班同学看着我，我的心都要跳出来了。

(10) 对他(她)有看法，我仍能同他(她)交往。

(11) 每到一个新环境，我做事情总有些不自在。

(12) 我很少固执己见，常常乐于采纳别人的建议。

(13) 同别人争论时，我常常感到语塞，事后才想起该怎样反驳对方，可惜已经太迟了。

(14) 我对物质要求不高，即使生活很艰苦，我也能过得很愉快。

(15) 自己明明把课文背得滚瓜烂熟，可在课堂上背诵的时候，还是会出差错。

(16) 在决定胜负成败的关键时刻，我虽然很紧张，但总能很快地使自己镇定下来。

(17) 我不喜欢的科目，不管怎么学也学不会。

(18) 在嘈杂混乱的环境里，我仍然能集中精力学习，并且效率较高。

(19) 我不喜欢陌生人来家里做客，每逢这种情况，我都会有意回避。

(20) 我很喜欢参加社交活动，我觉得这是交朋友的好机会。

【测试说明】

(1) 凡是单序号题，选“是”计-2分，选“无法肯定”计0分，选“不是”计2分。

(2) 凡是双序号题，选“是”计2分，选“无法肯定”计0分，选“不是”计-2分。

(3) 将各小题的得分相加，即得出总分。

(4) 结果解释如下。

35～40分：心理适应能力很强，能很快地适应新的学习、生活环境，与人交往轻松、大方。给人的印象极好，无论在什么环境下，都能应付自如、左右逢源。

29～34分：心理适应能力良好。

17～28分：心理适应能力一般，当进入一个新的环境，经过一段时间的努力，基本上能够适应。

6～16分：心理适应能力较差，依赖于较好的学习、生活环境，一旦遇到困难则易怨天尤人，甚至消沉。

5分以下：心理适应能力很差，在各种新环境中，即使经过一段相当长时间的努力，也不一定能够适应，且常常因与周围事物格格不入而十分苦恼。在与他人的交往中，总是显得拘谨、羞怯、手足无措。

如果你在这个测试中得分较高，说明你的心理适应能力较强。如果得分较低，说明你的心理适应能力较弱，但你也不必忧心忡忡，因为一个人的心理适应能力是随着年龄的增长、知识和经验的丰富而不断增强的。只要你充满信心、刻苦学习、虚心求教、加强练习，你的心理适应能力一定会增强。

知识导读

面对一个不熟悉的环境，人们都会有紧张、不适的感觉，这是很正常的现象。对此，同学们要做的就是尽快调整自己的心态，找出不适应的原因，从而尽快地融入新环境中。同学们在进入高中新环境时为什么会出现这些问题呢？归纳起来，主要有以下几点原因。

期望值与现实的落差

我们每一位同学在初中时可能都是班里的佼佼者、学校里的风云人物，被同学尊重，被教师宠爱，被亲朋好友夸赞，因此内心会有一种很强的优越感。但进入高中后一切都变了，面对周围一个个学习高手，面对周围同学谁都不在乎其他人的自我心态，面对老师们一视同仁、公平对待的做法，有些同学开始失落，产生自卑感，开始怀疑自己，继而陷入一片茫然之中，甚至把自己的梦想也抛到九霄云外了。

自我松懈与现实压力的冲突

很多同学觉得能够进入重点高中就等于踏入了大学的大门，因此在心理上就放松了。但现实是，高中的压力比初中时更大了，看到别人都在埋头苦学，自己的心既放松不下来也紧张不起来，玩得不痛快，学得不踏实。同时，还会在内心谴责自己没有好好学习，觉得对不起含辛茹苦养育自己的父母，于是负罪感油然而生。

独立意识增强与自理能力欠缺的冲突

随着年龄的增长、知识的丰富、能力的提高，同学们的独立意识日益提高，感觉父母的担心都是多余的，想尽快摆脱父母的控制，自己做主做自己的事情。一旦有了独立的空间，自己照顾自己时却感到力不从心，很多事情都无法自理，产生了对自己能力的怀疑与对自己的失望。

新鲜感与怀旧感的冲突

初到一个新环境，新鲜的事物冲击着兴奋的大脑，刺激着好奇的神经，但随着时间的推移，新鲜感渐渐消失，尤其是那些令人感觉差的环境会使人产生一种强烈的怀旧感，继而产生委屈的感觉。

策略训练

策略一：正确地认识自己，定位自己，评价自己

在每一个阶段，每个个体都有自己的核心任务，这就要求每个人必须根据当前的核心任务建立相应的思维方式、行为方式，以及人际交往、自我评价、适应环境的方式。因此，必须客观、正确地认识自己，找出自己的优劣势、优缺点，发挥自己的主观能动性，自主地学习。同时，还要客观、正确地认识他人的优劣势、优缺点，多交流与合作，吸收别人好的学习方法。知己知彼的同时，找准自己的位置，合理地定位自己，确立合理的目标。另外，要正确地评价自己，应多纵向比，少横向比，看现在的自己和过去的自己有什么进步，从而全面地评价自己，避免“一叶障目，不见泰山”。

策略二：学会人际交往，增强自信心

良好的人际关系可以帮助我们更好地适应环境，还可以增加我们的自信心。因此，我们要学会主动与人交往，并掌握一些人际交往的技巧，如迅速记住同学的名字，主动帮助他人等，从而尽快与同学建立良好的人际关系。

策略三：合理安排时间，提高学习效率

随着学科增多、作业增多，我们一定要学会合理地安排时间，提高学习效率。

第一，学会制订学习计划，最大效率地利用好时间。

第二，利用好零碎的时间，比如课间时间。

第三，要劳逸结合，保证休息时间，比如适当午休，保证下午上课精力充沛。

策略四：采取合理的方式，缓解内心的压力

面对压力，我们需要采取合理的方式来进行缓解，比如体育锻炼、写日记、在操场上大喊大叫、向信任的人倾诉、睡大觉、大哭一场等。大家可以选择适合自己的方式来放松自己，但要记得坚持“不伤人，不害己”的原则。

策略五：学会独立，主动适应环境

独立的人格是个人独立生活的基石。在日常学习和生活中，我们一定要学会自己照顾自己，独立地学习(并非排斥交流与合作)。比如，不适应某教师的教学方法，可以利用更多时间自觉地学习，主动适应老师，而不是放弃此学科，被动地希望老师改变。自己能做的事情尽量不麻烦别人，掌握一些必要的生活自理能力，逐渐从依赖别人的生活方式转变为独立的生活方式，从而帮助自己尽快适应环境。

(资料来源：https://wenku.baidu.com/view/11305d48e45c3b3567 ec8b67.html，有删改)

反观自我

问一问

(1) 我的适应能力测试得分如何？我的不适应问题表现在哪些方面？

(2) 我学会了哪些适应环境的策略？

(3) 我在运用这些策略的过程中有什么心得？

想一想

阅读下面的材料，说说你受到了什么启发。

成功的种子

世界上的一切伟业、奇迹都是人创造的，而且都是凡人创造的。我们总觉得那些创造了某一项伟业、奇迹的人都是某方面的天才，不是和自己一样的平凡之人。要说那些创造了伟业、奇迹的人真有什么不同凡响、不同寻常之处，那就是他们都有自信意识、成功心理。如果把一个人比作一块土地，那么自信意识、成功心理就是成功的种子。有了种子不等于一定有丰硕的果实，还要精耕细作，也就是刻苦学习、扎实奋斗，但如果没有种子是绝无可能生长出果实来的。一个人如果不相信自己是一块有能力、有价值、可以成功的“土地”，怎么会自觉地强化自信意识、树立成功心理呢?

活动拓展

活动主题：个性名片

【活动目标】

在小组活动中互相协作，初步认识新团体、适应新班级。

【活动准备】

A4 纸(数量与活动人数相同)、彩笔(数量与小组数相同)。

【活动过程】

(1) 每位成员在 8 分钟内为自己设计一张个性名片。

(2) 个性名片要求：

① 不少于 5 条个人信息，信息可以是具体的，也可以是抽象的、含蓄的，但要求必须个性化。

② 除文字外，可用图形等多种形式表示。

③ 可使用多种颜色的笔。

(3) 每位成员在组内向大家介绍自己的个性名片。

(4) 每位成员都要尽力去记住组内其他成员的名字。

【小组分享】

(1) 能够清楚地叫出他人的名字，你有什么感受?

(2) 别人记住自己的名字时，你的感觉怎么样?

(3) 没被记住名字或者叫错他人名字，你的感觉如何?

【注意事项】

(1) 个性名片上的信息中要体现自己的明确特征，方便大家记忆。

(2) 可以采用头脑风暴法进行名片设计，越有创意的名片，越容易被大家记住。

第二节　宿舍关系你我他

心灵故事

宿舍就是我们的家，良好的宿舍关系会给我们无尽的温暖，会带给我们巨大的正能量，让我们变得更加坚强和勇敢，从而走向成功。新东方创始人俞敏洪的成功就是典型的例子。当年，俞敏洪在新东方发展到一定规模时，去美国邀请大学室友来和自己一起开拓事业。最终，室友们回来了，但理由却是俞敏洪在大学四年为宿舍打了四年的开水！这样的好室友，肯定值得信任！

典型案例

在宿舍被孤立，我该如何摆脱困境呢

以优异成绩考入某省级重点高中的小雨，最近心情烦透了，为什么呢？原来，他被宿舍的同学给孤立了，这让一向优越感十足的他倍感煎熬。上高中之前，他是走读生，升入高中后，由于离家远，所以他不得不选择住校。对于住校，他内心是拒绝的。一则是因为宿舍要住 6 个人，很不安静，环境和家里宽敞的卧室相比相差十万八千里；二则是宿舍里好几个室友的生活习惯让他内心很崩溃，比如有的室友不太讲卫生，有的室友四处乱放东西，有的室友喜欢随便拿别人的东西用。对于这些现象，小雨看不惯时就会直接说出来，这一说，对方就不舒服了，然后两人就发生了口角，一来二去，宿舍里硝烟弥漫，大家很快就开始指责他，继而孤立他。小雨陷入了无限的烦恼之中，不知道该怎么办。

【想一想】

看完上面的例子，你觉得小雨为什么被室友孤立了？我们究竟该如何处理室友之间的关系呢？

测一测

你的宿舍人际关系好吗

(1) 一说到室友，我就火冒三丈，心情不好。

(2) 如果可以换宿舍的话，我一定马上换。

(3) 如果可以走读的话，我会立即搬出现在的宿舍。

(4) 我总是和室友相处困难。

(5) 我总觉得室友有一大堆问题。

(6) 我宁愿多待在教室里，也不想早点回宿舍。

(7) 和室友争吵是我的宿舍生活无法避免的事情。

【测试说明】

对照以上症状检视自己，只要有任意 4 条符合，就可以基本判定你的宿舍人际关系不良。

知识导读

宿舍人际关系不良产生的原因

高中生的宿舍一般住 6～8 人，可谓是一个“小天地”，关系处理起来十分复杂，稍微不注意，就闹别扭了。那么，是什么原因导致高中生室友之间的关系难以相处呢?

(1) 性格不合。同宿舍的同学来自不同的地方，彼此间的性格差异很大，彼此容易产生隔阂。比如，同一个宿舍有的同学比较内向，平时喜欢独来独往，上课、去图书馆都不会跟室友一起；也有的同学则喜欢热闹，不喜欢死气沉沉的生活。所以大家在宿舍的时候就各干各的，彼此不相干。尤其是意见不合的时候，大家可以连续几天不说话。也有部分同学表示，宿舍里有的同学总是表现得很强势，爱出风头，又很自我，虽然室友不会当面提出不满，但也会渐渐地刻意疏远。

(2) 生活习惯差异大。不同的同学来自不同的家庭，生活习惯差异很大。比如，有的人做事风风火火，动静很大，效率很高。而有的同学则做事慢吞吞的，小心谨慎，生怕弄出了太大的动静。这样两种不同类型的人在一个宿舍，难免会发生一些小冲突。再比如，有的同学热爱学习，很早起床，结果动静有点大，把大家都吵醒了，这样弄得其他人心里不舒服，就会因此嘟囔几句，结果导致一场口角之争。由于生活习惯不同导致的冲突，从高一到高三都会存在。

(3) 贫富差距大。住校的学生来自不同的地方和不同经济状况的家庭，这就导致学生的生活费用差异较大。有的学生家境优越，每个月的生活费相当可观；而有的学生家境较差，尤其是一些来自农村的学生甚至还停留在温饱线上。这样一来，由于家庭条件的差异，使得每个人的世界观、人生观、价值观及消费观都存在很大的差异，导致宿舍室友之间经常发生一些不可避免的摩擦。结果是经济条件好的学生很有优越感，很自我，气场十足，而经济条件差的学生则会变得自卑、敏感，且容易不合群，因为囊中羞涩，不敢随便参加宿舍的聚餐、聚会之类的活动。这样一来，宿舍里的两类人就十分容易成为对立关系。

(4) 交流沟通少。随着时间的推移，宿舍里室友之间相处时间较多，一个人的缺点也会暴露得淋漓尽致，室友之间可能会因交流沟通少而产生矛盾。

(5) 不良心理。一些同学由于在外貌、能力、家庭条件、成绩等方面比较突出，往往会成为学生中的焦点人物，如果他们平时不注意自己的言行举止，就很容易引起同学的妒忌和猜疑，从而导致人际关系紧张。还有一种情况，在涉及学生切身利益的各种评奖、评优以及奖助学金、困难补助等时，一些功利心较强或性格较敏感的学生有时也会因为无法分享利益而对别人获得利益耿耿于怀甚至产生妒忌心理，从而影响室友之间的和谐共处。

策略训练

策略一：从积极的视角看待室友

俗话说：“金无足赤，人无完人。”每个人都有自己的缺点和不足之处，都有需要改进的地方。因此，我们与室友相处的时候，要学会去接受其身上的不足，同时，也要看到他们身上的优点。如果我们更多地看到对方身上的优点，那么，我们就会对室友做积极的评价，会增加对室友的好感，室友之间的人际关系自然也会更加和谐。所以，从积极的视角看待自己的室友，你会发现，有缘和这么不错的室友同住一个宿舍其实是一件非常幸运的事情。

策略二：学会主动承认错误

即使是牙齿和舌头这么好的一对“搭档”，有时候牙齿也会咬到舌头，究竟是牙齿的错还是舌头的错呢？还真的不好说。几个人在宿舍里朝夕相处，难免会因为一些小事发生磕磕碰碰。如果发生小矛盾、小冲突后，每个人都觉得自己有理，都觉得是对方的错误，那么，要搞好室友之间的关系就难上加难了。因此，当与室友发生冲突矛盾时，主动承认错误，更能获得良好的宿舍关系。因为，当你向对方承认错误时，别人会感受到你的大度和宽容，反而觉得自己不好意思，对方自然也不能再和你计较了，你们的矛盾也就解决了。当然，主动承认错误得有前提，那就是事后自我冷静反省，发现自己的确有做得不对的地方。这样的主动认错，自己能接受，对方也能接受。当然，态度要真诚，让人觉得你是发自内心的行为。

策略三：主动沟通，求同存异

很多时候，室友之间的关系不理想是因为缺乏必要的沟通。因此，作为宿舍的一员，我们要学会积极地与室友沟通，说出自己的想法，表达自己的情绪，让对方知道你的想法和需求。同时，也要积极地倾听对方，了解对方的想法和需求。这样一来，你就明白了彼此之间的差异，从而发现你们的共同语言，实现求同存异。你和室友的冲突就会大大减少，继而和室友的关系也就越来越融洽。

反观自我

问一问

(1) 我对室友宽容大度吗?

(2) 我看到室友的闪光点了吗?

(3) 我和室友进行了有效的沟通吗?

(4) 我和室友的冲突在哪里?

(5) 我该如何处理和室友的关系?

想一想

阅读下面的小故事，说说你受到了什么启发。

睡在我上铺的兄弟

记得初三时，我是班上的“带头大哥”，不但成绩稳居年级第一，而且还是班长兼学校学生会主席。因此，深受老师的宠爱和同学们的拥护，感觉自己就像明星一样。

不久，班里来了一位叫蓝廷广的新同学，个头不高，人长得瘦瘦的，因为生病休学了一个学期，所以又来读初三。他性格有些内向，很少说话，和我成为同桌。一开始，我压根儿瞧不起他。虽然他每次见我都主动问好或者微笑，我只是敷衍地回应他一下。

一个月之后，我们进行了月考。成绩出来了，意外的是，我的同桌蓝廷广居然得了第一名。我当时就傻眼了，不敢相信这是真的。我开始暗暗地恨他，恨他夺走了我的第一名。班主任安慰我后，还让我向他学习、请教。我点点头，心里非常不是滋味。从此以后，他再朝我微笑的时候，我装作没有看见。他找我说话，我也是一副爱理不理的样子。他似乎并不在意，依然是很礼貌地和我打招呼。在宿舍的时候，他也是主动地做卫生，帮宿舍的同学做一些小事情。我觉得他是在故意表现自己，对他更是看不惯。他睡在我的上铺，有时候，他上床的时候声音大了点，我便很生气，而他总是满口的“对不起”。

天有不测风云。半学期快结束的时候，我忽然患了鼻息肉，需要动手术，而且需要一个人专门照顾我。恰好那个时候，我的家人都无法来照顾我。谁来照顾我呢？这可是一个伤脑筋的事情。但是，如果不动手术的话，又会严重影响正常的生活和学习。

于是，班主任在班会课上征集照顾我的同学，结果教室里鸦雀无声，因为大家都在忙着备战中考。就在这个时候，我的同桌蓝廷广自告奋勇地说：“老师，我来！”我当时就懵了。于是，做完手术之后，蓝廷广开始每天照顾我吃饭、吃药，就连上厕所也是他扶着我去。他一改平日的口拙，变得十分健谈，经常给我讲笑话，转移伤口给我带来的疼痛感。看着他，一个被我冷漠对待并嫉妒的男生，放弃自己的学习时间和休息时间，只为了无微不至地照顾我，我心里有说不出的感动。“谢谢”这两个字，早就不能表达我对他的感激之情。

一周后，我出院了，我重新回到学校，但是没有上课，在宿舍养病。蓝廷广继续帮我补课，帮我把每天的三餐带回宿舍，还帮我借来一些我喜欢看的杂志，等等。为了照顾我，他整天来去匆匆的，我心里有种说不出的感动。每次想对他说点什么，却不知从何说起。

我这才发现，我的同桌是一个如此真诚而善良的人，而且口才让人佩服不已，只是他平时不愿意在同学们面前展示自己而已。我心里懊悔不已，以前那么冷漠地对他，全是因为自己的心胸狭隘。从此，我决定和他——这个睡在我上铺的兄弟做最好的朋友。

(资料来源：邓公明，《好家长·青春期》，2009年第2期)

活动拓展

活动：同一屋檐下

【活动目标】

通过活动，促进室友间的互相了解，从而快速建立良好的室友关系；室友之间达成宿舍公约，使大家学会珍惜在一起的缘分。

【活动准备】

纸、笔、纸棒。

【活动过程】

1. 我手写我心

以宿舍为单位分组。每组的每位成员都在纸上写出自己的年龄、身高、爱好、毕业学校、喜欢什么类型的室友、讨厌什么类型的室友等信息，将纸条折好，放在一个盒子里。然后，每组的组长随机拿出纸条，让大家逐一猜测纸条上描述的究竟是谁。如果大家猜对了，就拿出下一张纸条；如果没猜对，就请描述的同学主动表明身份。

目的：让学生对自己的室友的特点有基本的了解，同时也知晓了最受人欢迎的室友和最不受人欢迎的室友的特点。

2. 棒打“薄情人”

每组准备一个用报纸做成的纸棒，然后以小组为单位，一个人持棒，问另外一个人，比如“我们宿舍最高的人是谁？”被问者须做出回答，如果回答错误，就会被敲一棒，然后由其接过纸棒问下一个室友；如果回答正确，则持棒人继续问下一个室友。以此类推，直至所有的信息都被反复强化，无人再犯错为止。

目的：让学生牢记每个室友的特点和喜好，从而更有针对性地开展人际交往，避免进入对方的“雷区”。

3. 拟公约

小组成员一起讨论对宿舍的期望，每个人谈一下自己希望把宿舍打造成什么样子。鼓励学生集思广益，然后拟出宿舍公约。

【小组分享】

今天的活动中，你体会到了什么？有什么样的收获？

【注意事项】

走读生可根据人数单独分为几组，住校生需严格以宿舍为单位分组。如果没有住校生，则可以模拟以后住校的情景。

第三节　适应新老师

心灵故事

著名生物学家达尔文有一句名言：“物竞天择，适者生存。”其实，对于每个高中生来说，适应环境，肯定不只是适应高中学校的硬件设施，更要适应新的老师，并与老师建立良好的师生关系。因为只有适应了新老师，并能与老师建立良好的关系，才算是真正开启了高中的学习生活，才能在今后的高中生活中进入良好的学习状态，从而帮助你度过高中三年的美好时光，并实现自己的大学梦。

典型案例

压力“山大”的小李

小李同学高中入学刚刚 3 个月，对于高中老师的教学方法感到难以适应。他发现老师上课讲的知识点不够全面，尤其是数学课，他认为的难点、重点老师都没有讲到，因此常常遇到难以解决的问题。但生性腼腆的他又不好意思向老师和同学们请教，加上平时课业繁重，经常到了深夜才能将所有的作业做完。他感到力不从心，十分疲惫，又怕跟不上其他同学的进度，心理负担很重，迫切希望找到解决这个问题的方法。

【想一想】

如果你是小李同学，也不适应老师的教学方法，你该怎么调整自己呢？又该怎样和老师沟通，寻求帮助呢？

测一测

师生关系自测问卷

本测试共有 18 个陈述句题目。请仔细阅读每个题目，并对照自己的实际情况做出“是”与“否”的判断。

(1) 你经常不能明白老师的讲解。

(2) 某位老师对你感到讨厌或你讨厌某位老师。

(3) 老师经常以纪律压制你。

(4) 老师上课的内容不能吸引你。

(5) 老师不了解你的忧虑与不安。

(6) 你的意见经常被老师不加考虑地反对。

(7) 老师把考试成绩的高低作为衡量学生优劣的标准与奖惩学生的尺度。

(8) 你找不到一位能倾诉内心隐秘的老师。

(9) 老师经常体罚你或变相体罚你。

(10) 老师经常给你增加学习负担。

(11) 某位老师对你有点冷漠。

(12) 你的思想经常被老师支配。

(13) 你在学习上的创造性见解经常得不到老师的肯定。

(14) 老师经常让你感到紧张与不安。

(15) 老师经常误解你的行为而责怪你。

(16) 老师无法帮助你改进学习方法。

(17) 老师很少与你倾心相谈。

(18) 你经常屈服于老师的命令与权威。

【测试说明】

(1) 凡是回答“是”者，计1分；回答“否”者，计-1分。将所有题目的得分累加起来，即可得到总分。

(2) 整个问卷的题日可分为3组，每组包含6个题目。

- A组：(1)(4)(7)(10)(13)(16)
- B组：(2)(5)(8)(11)(14)(17)
- C组：(3)(6)(9)(12)(15)(18)

(3) 结果解释如下。

- 总分为8～18分：表明你与老师的关系非常紧张；
- 总分为-8～7分：表明你与老师的关系不怎么好；
- 总分为-18～-9分：表明你与老师的关系还过得去。

A组的合计分数，反映了你在教学过程中与老师关系的紧张程度。

- 4～6分：非常紧张；
- -3～3分：有点紧张；
- -6～-4分：不怎么紧张。

B组的合计分数，反映了你与老师在情感距离上的困惑程度。

- 3～6分：非常困惑；
- -3～2分：有些困惑；
- -6～-4分：基本上没困惑。

C组的合计分数，反映了你与老师在地位关系上的困惑程度。

- 3～6分：非常困惑；
- -3～2分：有些困惑；
- -6～-4分：基本上没困惑。

知识导读

良好的师生关系的积极意义

(1) 良好的师生关系有利于学生心理的健康发展，有利于促进学生个性的和谐发展。人际关系是对人的心理发展最具影响力的因素。大量事实表明，师生关系、同学关系适应良好的学生，其心理会健康发展；反之，师生关系、同学关系适应不良的学生则会有敌对思想、自卑感，从而对其心理健康产生不良影响。大量的调查结果也表明，师生关系适应良好是学生心理健康的重要标志之一。

(2) 良好的师生关系是教育活动有效进行的重要保证，正所谓“亲其师而信其道”。

(3) 良好的师生关系有利于发展学生的人际交往能力，促进学生早日适应社会。可以说，教师在无意中充当了榜样的角色，学生通过师生关系这扇窗户，透视人与人之间的关系，不断扩大和深化人际关系网，发展社交技能，学会友好合作，学会公平竞争，学会选择发展，学会适应生存，从而有效加速社会化进程。

(资料来源：https://zhidao.baidu.com/question/1736504615530467387.html)

策略训练

升入高中，换了新老师，我们没办法改变这一事实，只能调整自己去适应新老师，适应新老师的教学方式。那么，具体该怎么做呢？

策略一：了解老师

适应新老师，首先要了解老师，比如他的个性、教学风格等。在现实的学习生活中，有的老师性格外向，幽默风趣；有的老师性格内向，说话呆板；有的老师讲课语速很快，容不得你走神；有的老师讲课节奏比较慢，需要你保持足够的耐心……了解这些，能够帮助我们更好地适应老师。

策略二：调整自己

调整自己，不是放弃自己的个性，而是在保持自己个性的基础上做一些调整。比如老师喜欢稳重的学生，我们就不要在老师面前太过张扬；老师喜欢自信的学生，我们就要有敢为人先的勇气。当然，做出调整不可能一蹴而就，需要循序渐进。

策略三：多看老师的优点

俗话说，金无足赤，人无完人。老师也是人，不可能完美。我们需要看到新老师身上的优点，包容他们的缺点。

策略四：试着喜欢每一个老师的课

喜欢与不喜欢是相对而言的，不是绝对的。在高中阶段，我们学习的都是基础知识，不可以偏重哪一科或放弃哪一科。既然每个科目都是需要学习的，那么，我们都需要认真对待。试着去喜欢每一个老师的课，增加对老师的好感，我相信，你不但会收获良好的师生关系，还会收获满满的知识。

(资料来源：http://blog.sina.com.cn/s/blog_a2f4311e0102vyvp.html，有删改)

反观自我

问一问

(1) 我的师生关系测试得分如何？我不适应新老师的哪些方面？

(2) 我学会了哪些适应新老师的策略？

(3) 我在运用这些策略的过程中有什么心得？

想一想

阅读下面的故事，说说你受到了什么启发。

秀才赶考

有位秀才第三次进京赶考，住在一个经常住的旅店里。考试前两天他做了两个梦：第一个梦，梦到自己在墙上种白菜；第二个梦，梦到下雨天，他带了斗笠还打着伞。这两个梦似乎有些深意，秀才赶紧去找算命的人解梦。算命的人一听，连拍大腿说："你还是回家吧，你想想，高墙上种菜不是白费劲吗？戴斗笠打雨伞不是多此一举吗？"秀才一听，心灰意冷，回旅店收拾包袱准备回家。旅店老板非常奇怪，问："不是明天才考试吗？你怎么今天就要回乡了？"秀才如此这般说了一番。旅店老板乐了："哟，我也会解梦，我倒觉得，你这次一定要留下来，你想想，墙上种菜不是高种(中)吗？戴斗笠打雨伞不是说明有备无患吗？"秀才一听，觉得此人说得更有道理，于是精神振奋地参加考试，居然中了探花。

温馨提示：积极的人像太阳，照到哪里哪里亮；消极的人像月亮，初一十五不一样。想法决定我们的生活，有什么样的想法，就有什么样的未来。这个道理在我们适应新老师的过程中同样适用。

(资料来源：教师备课网)

活动拓展

活动主题：信任之旅

【活动目标】

通过助人与受助的体验，增强师生间的信任，使双方互相接纳。

【活动准备】

(1) 指导者事先设置好盲行路线，道路上最好有阻碍，如上下楼梯、拐弯、路障，可以室内室外结合。

(2) 准备眼罩。

(3) 利用室内的桌、椅和绳子布置盲道，注意安全第一。

【活动过程】

(1) 二人一组，一位做“盲人”，一位做“引路人”。

(2)“引路人”将本组的“盲人”带到室内，进门后“盲人”先原地转三圈，使其暂时失去方向感，然后“引路人”带领“盲人”走完盲道。

(3) 要求“盲人”一定要蒙住眼睛，“引路人”不能说话，只能用肢体语言告诉盲人路况信息，“引路人”要想方设法使“盲人”信任你，并毫无顾忌地跟你走，你才是成功的“引路人”。

(4) 活动完成后，双方互换角色再体验一次。

【小组分享】

(1) 当“盲人”与当“引路人”的感受有什么不同？

(2) 你是很信任地跟着“引路人”走，还是自我探索着走？

(3)“引路人”是怎么向“盲人”传递信息的？

【注意事项】

(1) 盲道的布置要明确，不宜过难，也不宜太简单。

(2) 引路的路线要明确，避免走错路。

(3) 活动中遵守规则，注意安全。

(4) 坚决不允许搞恶作剧。

第四节　20年后的我

心灵故事

英国有个名叫布罗迪的退休教师，他在整理家中旧物时发现了一摞50年前的作文本，里面记录的是皮特金幼儿园B(2)班31个孩子的作文。作文题目颇为诱人——《未来，我是……》，31个孩子有31个梦想。布罗迪打算把这些作文本重新发给这些学生，于是在报纸上刊登了一则启事。不久，一封封带着问候的回信来到了布罗迪的手中。

一年过去了，只剩下盲童戴维的作文本，他的梦想是当一名内阁大臣，他要创造盲人进入内阁的历史。正当布罗迪遗憾地准备把作文本送进私人收藏馆时，他收到了英国内阁教育大臣的来信，信中的内容令他大吃一惊：

"那个叫戴维的人就是我，感谢您还为我保存着儿时的梦想。不过，我已不需要那个作文本，因为从那时起，我的梦想就一直在我的脑子里，我没有一天放弃过。50年过去了，可以说我已经实现了那个梦想。今天，我还想通过这封信告诉其他的30位同学，只要不让年轻时美丽的梦想随岁月飘逝，成功总有一天会出现在你的面前。"

同学们，现在的你有什么梦想呢？20年后的你会是什么样的？现在让我们一起来探寻心中的梦想吧！

典型案例

小茜的烦恼

眼看着高一就要结束了，小茜还在犹豫自己究竟要不要选择纯文科组合，即政治+历史+地理。其实，她之所以这么纠结是有原因的。一直以来，她都梦想以后当一名法医，但事实上，从高一的几次大型考试来看，她的成绩每次都是文科比较好，物理、化学比较差。她十分纠结，因为如果以后要当法医的话，肯定就不能选择纯文科组合，但是，自己的理科又比较差，究竟应如何选择学科组合呢？是选择自己擅长的，还是选择与自己以后梦想有关的学科组合呢？小茜陷入了痛苦之中，感觉自己的梦想就要破灭了。她究竟该怎么办呢？

【想一想】

对于高中生而言，如何选择学科组合非常重要，因为学科组合的选择不但影响高考后志愿的填报，而且还可能影响以后的职业选择，甚至会影响梦想的实现。那么，我们究竟应该如何选择适合自己的学科组合呢？答案是我们必须学会生涯规划，提前思考自己的未来是什么样子的，把未来的自己与现在的自己有机地衔接起来，让自己的选科组合与未来的梦想实现密切联系起来。

测一测

我和未来的自己有多近

(1) 我经常思考我适合从事什么样的职业。

(2) 我经常思考通过哪些途径可以实现我的职业理想。

(3) 我经常思考我对将来自己的家庭的一些期待。

(4) 我有时候会和自己的重要他人(老师、亲朋好友等)讨论将来家庭生活的影响因素是什么。

(5) 我经常思考未来我的另一半是什么样子，彼此的关系如何。

(6) 我对如何拥有一段美好的亲密关系有一些自己的思考和想法。

(7) 我时常在脑海里描绘自己的生活社区和生活方式。

(8) 我了解我应采取什么方式才能获取我想要的理想生活。

(9) 我明白我对未来自己的期待。

(10) 我清楚地知道通过什么途径成为未来的自己。

【测试说明】

对照以上描述检视自己，只要与自己相符的描述少于 4 个，就说明你对将来的想法较模糊。符合的描述越多，说明你对将来的想法越清晰。

知识导读

生涯规划

生涯规划是指运用心理学、脑科学和生涯发展学科的专业知识，利用脑 AT 技术、生涯规划技术、行为改变技术、潜能教育技术帮助个体发现最佳潜能优势结构，并科学确立适合个体发展的核心目标，制定行动方案，提升自信、完善不足，解决在学习、工作中遇到的各类问题。

简单来说，生涯规划就是对影响个体生涯发展的经济、社会、心理、教育、生理等各种因素的选择和创造。它通常建立在个体对自我全面、深刻的认识的基础之上，需要结合自身发展的一般性特点。

生涯发展理论

生涯发展理论的研究者众多，其中以舒伯最为知名。舒伯于 1953 年提出“生涯”的概念，他把生涯发展看成一个持续渐进的过程，由童年开始一直伴随个人的一生。他把人的生涯发展分为五个阶段，在每个阶段都有其独特的职责和角色，以及不同的发展任务，如表 1-1 所示。前一阶段发展任务的完成情况会影响下一阶段的发展。个人面对及完成发展任务的准备程度则体现了个人的生涯成熟度。

表 1-1　生涯发展的五个阶段

阶段	年龄	发展任务
成长阶段	0～14 岁	发展自我概念，发展对工作的正确态度，并了解工作的意义
探索阶段	15～24 岁	发展相关的技能使职业偏好逐渐具体化、特定化，并实现职业偏好
建立阶段	25～44 岁	在适当的职业领域稳定下来，巩固地位，并力求晋升
维持阶段	45～64 岁	维持既有成就与地位，更新知识与技能，创新
退出阶段	65 岁以上	减少在工作上的投入，计划安排退休生活，退休

策略训练

策略一：树立生涯规划意识，设定未来的人生目标

美国哈佛大学在 1953 年做过一个关于设定目标对人生影响的调查：一群智力、学历、环境、条件都相差无几的大学生在走出校门之前，哈佛大学对他们进行了一次关于人生目标的调查。这些大学生中，27%的人没有目标，60%的人目标模糊，10%的人有清晰但比较短期的目标，3%的人有清晰且长远的目标。

25 年后，哈佛大学再次对这些大学生进行了跟踪调查，结果是这样的：

- 3%有清晰且长远目标的人，一直朝着同一个方向努力，成为社会各界的顶尖成功人士，他们不乏白手起家的创业者、行业领袖、社会精英。
- 10%有清晰但比较短期的目标的人，他们生活在社会的上层，他们的短期目标不断达成，成为行业专业人士，有很好的工作，如医生、律师、公司高级管理人员等。
- 60%目标模糊的人，他们生活在社会的中层或下层，尽管能够安稳地生活，但是没有取得什么成绩。
- 27%没有目标的人，他们生活在社会底层，生活得十分不如意，不断抱怨社会和他人，经常失业，家庭也不幸福。

这一结果说明了目标对人的影响十分重大。所以，我们现在就需要设立自己的人生目标，然后努力去朝着目标奋斗，就有希望过上自己想要的幸福生活。

策略二：看到自己的优势和劣势

如果你已经为自己今后的20年或者更长的时间做了一个大致的规划，确定了一个大致的目标，现在就需要全方位地审视自己，尤其是要了解自己目前的优势和劣势。哪些优势有助于自己实现20年后的目标，哪些劣势不利于自己实现20年后的目标。全面、客观地审视自己之后，扬长避短，把自己的优势尽量发挥到极致。与此同时，也要尽可能地自我提升，减少自己的劣势。

策略三：找到实现人生目标的路径

当我们明确了自己的人生目标和奋斗方向，也看到了自己的优势和劣势后，就需要找到实现人生目标的路径。换句话说，就是如何实现我们的人生目标。比如，我的人生目标是成为一名医生，那么，如何才能实现呢？主要路径是考上医科大学，获得医师资格证，毕业后成为医生。于是，我们在高中选科的时候，就需要选择偏理科的组合；我们还可以去走访当地的名医或者全国的名医，了解成为优秀的医生需要哪些能力和品质等。这些都是帮助自己实现人生目标的路径。

反观自我

问一问

(1) 我认为认真思考未来是一件很重要的事情吗？
(2) 我已经或者准备开始思考自己的未来了吗？
(3) 我打算从哪些方面思考我的未来？是学习、工作、休闲，还是家庭？
(4) 我是否已经或者准备开始为自己制订一系列的行动计划了呢？

想一想

阅读下面的小故事，说说你受到了什么启发。

崔琦的眼泪

杨澜去美国采访了1998年诺贝尔物理学奖获得者、美籍华人崔琦。崔琦谈到自己出生在河南农村，父母都是不识字的农民，但是他妈妈颇有远见，咬紧牙关，省吃俭用，在崔琦12岁那年将他送出村去读书。这一走，成了崔琦与父母的永别。后来，他先后到了中国香港和美国，成了世界名人。

谈到这里，杨澜问崔琦："12 岁那年，如果你不外出读书，结果会怎么样？"很多人都会认为崔琦一定会这样回答："如果我不外出读书，我永远成不了名，也许现在还在河南农村种地。"

可是错了！崔琦的回答大大出乎人的意料："如果我不出去读书，三年困难时期，我的父母就不会死。"崔琦后悔得流下了眼泪。

后来，杨澜坦言这番话给她带来极大的震撼。杨澜说，获诺贝尔奖在很多人眼里是很大的成功，可是在崔教授眼里，人生有些东西更可贵。

(资料来源：http://www.chinavalue.net/General/Blog/2007-8-29/19079.aspx，有删改)

活动拓展

活动主题：回顾我的一生

【活动目标】

通过这个活动让学生找到人生的目标或意义。

【活动准备】

纸、笔、舒缓的轻音乐。

【活动过程】

1. 播放舒缓的轻音乐

目的：营造让心静下来的氛围。

我们设定人生目标时应该以终为始，以结果为导向。因此，现在，请想象一下，假设此刻的你已经到了不得不退休的年龄。你已经不再年轻，皱纹和白发越来越多，腿脚也不再灵活。此刻，你正坐在公园的长椅上慢慢回顾自己的一生。

请想象一下：

- 在这一生中，你都做了哪些事情？令你感到骄傲的事情是什么？你对这个世界的贡献有多大？
- 在这一生中，你通过自己所做的事情帮助了多少人？影响了多少人？又改变了多少人？有多少人认识你、知道你的名字？他们怎样评价你？
- 你的同事、朋友、家人会怎样评价你？

时光飞逝，生命继续向前推进，你就要离开人世了：

- 现在的你有什么成就？你一生中引以为傲的事情是什么？人们会怎样评价你？有多少人愿意在你离世时为你送行？有多少人感到你的离开是这个世间莫大的损失？

- 在你死后有多少人会怀念你？他们为什么会怀念你？

时光继续向前推进，请继续思考下面的问题：

- 你离开世界已有 10 年了，还有多少人会记得你、怀念你？他们会怎样评价你？
- 你离开世界 50 年后，有多少人会记得你、怀念你？他们会怎样评价你？
- 你离开世界 100 年后，人们是否还会记得你？那时，人们会怎样评价你？

2. 学生思考并回答

目的：让学生在想象中体会人生的意义。

【小组分享】

今天的活动中，你体会到了什么？有什么收获？

【注意事项】

(1) 营造能够让学生思绪飘荡的氛围。

(2) 营造有助于学生分享的安全气氛。

(3) 对于勇于发言的学生要鼓励，不应予以价值判断。

第二章　自我认识

第一节　认识自己

心灵故事

有这样一个故事：一头驴在山上的寺院里上班，每天的工作就是拉磨。它很讨厌这样的工作，希望有机会下山去外面的世界看看。机会终于来了。一天，一个僧人要驴下山驮佛像回来。回来的路上，僧人将佛像放在驴的背上。走在大街上，人们看到驴后，都对它虔诚地跪拜。于是，驴便大摇大摆地在街中央行走。回到寺院后，驴觉得自己如此高贵，便死活不再拉磨了。僧人无奈，只好放驴下山。驴下山后，迎面走来了一群敲锣打鼓的人，这是一个迎亲的队伍。驴以为他们是在欢迎自己，便站在路中间，驴挡了迎亲队伍的道，结果被愤怒的人们用棍棒一顿猛打。驴奄奄一息地逃回寺院，愤愤不平地告诉僧人说："人心险恶呀！之前我到山下，他们虔诚地跪拜我，今天却被他们一顿毒打。"僧人说："你真是一头蠢驴呀！之前，人们跪拜的是你背上的佛像，而不是你呀！"

看完这个故事，我们会禁不住感叹道：认识自己，实在是太重要了。

典型案例

能力出众的小沛

小沛是一名来自市级示范初中的高一新生，阳光、自信，思维敏捷，成绩优异，在班级活动中表现也很活跃。在老师眼中，他是一名优秀的学生，成绩优异，举止大方，口才很好，组织能力也很强。班主任希望小沛去竞选班长，小沛自己也有这样的意愿。

但是，在前后几次班干部民主选举中，小沛都落选了，这让班主任感到不解。后来班主任私下了解情况时，发现多数同学都承认小沛确实能力出众，但他为人太强势，说话也比较直接，感觉在小沛的眼里，自己能力强、说得对，别人就应该听他的，很多同学觉得与小沛相处起来不舒服。

小沛对自己的几次落选有些诧异，明显感到与同学的关系越来越疏远，但很快就洒脱地说："走自己的路，让别人说去吧。"虽然这么说，但内心也在困惑："为什么从小到大，被嫉妒和被排挤的人总是我？难道能力强也是我的错吗？"

【想一想】

小沛能力出众，也愿意担任班干部为班级出力，但却在多次班干部的民主选举中落选，他的群众基础为什么如此薄弱？面对这样的境况，小沛是如何看待的呢？你认为，小沛在自我认识方面存在什么问题呢？

测一测

气质类型小测试

下面 60 道题可以帮助你大致确定自己的气质类型，请根据自己的情况在很符合、比较符合、不太确定、比较不符合、完全不符合 5 个答案中选择一个适合自己的。

(1) 做事力求稳妥，一般不做无把握的事。

(2) 遇到可气的事就怒不可遏，要把心里话全说出来才痛快。

(3) 宁可一个人干事，不愿很多人在一起。

(4) 到一个新环境很快就能适应。

(5) 厌恶那些强烈的刺激，如尖叫、噪声、危险镜头。

(6) 和人争吵时总是先发制人，喜欢挑衅。

(7) 喜欢安静的环境。

(8) 善于和人交往。

(9) 羡慕那些善于克制自己感情的人。

(10) 生活有规律，很少违反作息制度。

(11) 在多数情况下情绪是乐观的。

(12) 碰到陌生人觉得很拘束。

(13) 遇到令人气愤的事，能很好地克制自己。

(14) 做事总是有旺盛的精力。

(15) 遇到问题总是举棋不定，优柔寡断。

(16) 在人群中从不觉得过分拘束。

(17) 情绪高昂时，觉得干什么都有趣；情绪低落时，又觉得什么都没意思。

(18) 当注意力集中于某一事物时，别的事很难使我分心。

(19) 理解问题总比别人快。
(20) 碰到危险情境，常有一种极度恐惧感。
(21) 对学习、工作、事业怀有很高的热情。
(22) 能够长时间做枯燥、单调的工作。
(23) 感兴趣的事情，干起来劲头十足，不感兴趣的事情就一点儿也不想干。
(24) 一点小事就能引起情绪波动。
(25) 讨厌做那种需要耐心的细致工作。
(26) 与人交往不卑不亢。
(27) 喜欢参加热烈的活动。
(28) 爱看感情细腻、描写人物内心活动的文学作品。
(29) 工作学习时间长了，常感到厌倦。
(30) 不喜欢长时间谈论一个问题，愿意实际动手干。
(31) 宁愿侃侃而谈，不愿窃窃私语。
(32) 别人总是说我闷闷不乐。
(33) 理解问题常比别人慢些。
(34) 疲倦时，只要短暂的休息就能精神抖擞，重新投入工作。
(35) 心里有话宁愿自己想，不愿说出来。
(36) 认准一个目标就希望尽快实现，不达目的，誓不罢休。
(37) 学习、工作一段时间后，常比别人更疲倦。
(38) 做事有些莽撞，常常不考虑后果。
(39) 老师讲授新知识时，总希望他讲得慢些，多重复几遍。
(40) 能够很快忘记那些不愉快的事情。
(41) 做作业或完成一件工作总比别人花的时间多。
(42) 喜欢运动量大的剧烈体育运动或参加各种文艺活动。
(43) 不能很快地把注意力从一件事转移到另一件事上去。
(44) 接受一个任务后，希望能把它迅速解决掉。
(45) 认为墨守成规比冒风险强些。
(46) 能够同时注意几件事物。
(47) 当我烦闷的时候，别人很难使我高兴起来。
(48) 爱看情节起伏跌宕、激动人心的小说。
(49) 对工作持认真严谨、始终一贯的态度。
(50) 不能和周围的人很好地相处。
(51) 喜欢复习学过的知识，喜欢重复做能熟练完成的工作。
(52) 希望做变化大、花样多的工作。

(53) 小时候会背的诗歌，我似乎比别人记得清楚。

(54) 别人说我经常出语伤人，可我并不觉得这样。

(55) 在体育活动中，常因反应慢而落后。

(56) 反应敏捷、头脑机智。

(57) 喜欢有条理、不太麻烦的工作。

(58) 兴奋的事情常使我失眠。

(59) 老师讲新概念时，常常听不懂，但是弄懂了以后很难忘记。

(60) 假如工作枯燥无味，马上就会情绪低落。

【测试说明】

1. 结果统计

计分方式：很符合计 2 分，比较符合计 1 分，不太确定计 0 分，比较不符合计−1 分，完全不符合计−2 分。计分结果如表 2-1 所示。

表 2-1　气质类型小测试结果统计表

胆汁质	题号	(2)	(6)	(9)	(14)	(17)	(21)	(27)	(31)	(36)	(38)	(42)	(48)	(50)	(54)	(58)	总分
	得分																
多血质	题号	(4)	(8)	(11)	(16)	(19)	(23)	(25)	(29)	(34)	(40)	(44)	(46)	(52)	(56)	(60)	总分
	得分																
黏液质	题号	(1)	(7)	(10)	(13)	(18)	(22)	(26)	(30)	(33)	(39)	(43)	(45)	(49)	(55)	(57)	总分
	得分																
抑郁质	题号	(3)	(5)	(12)	(15)	(20)	(24)	(28)	(32)	(35)	(37)	(41)	(47)	(51)	(53)	(59)	总分
	得分																

2. 确定气质类型

(1) 如果某种气质得分明显高出其他三种，且均高出 4 分以上，则可确定本人为该类气质。如果该种气质得分超过 20 分，则为典型；如果该种气质得分为 10～20 分，则为一般。

(2) 两种气质类型得分接近，其差异低于 3 分，而且又明显高于其他两种，高出 4 分以上，则可确定为这两种气质的混合型，如多血—胆汁质混合型。

(3) 三种气质得分均高于第四种，而且接近，则为三种气质的混合型，如黏液—多血—抑郁质混合型。

3. 四种气质详细分析

(1) 胆汁质：热情、直率，精力旺盛，勇敢积极，有魄力，坚韧不拔，敢于承担责任，情绪容易激动，脾气暴躁，表情明显外露，过分自信，有时独断专行，影响人际交往。

典型代表人物：张飞、李逵。

(2) 多血质：活泼好动，敏感，表情外露，反应迅速，善于交往，适应性强，注意力容易转移，兴趣容易变换，做事缺乏持久性。

典型代表人物：孙悟空、薛宝钗。

(3) 黏液质：安静、稳重、沉着，善于忍耐，沉默寡言，情绪不易外露，反应较慢，不够灵活，比较固执，不容易接受新生事物，不能迅速适应变化的环境。

典型代表人物：沙僧、诸葛亮。

(4) 抑郁质：细心、谨慎，感情细腻、深刻，想象力丰富，能够觉察到别人不易觉察到的事物，较孤僻，多忧思，疑虑重重，行动迟缓，缺乏果断，经不起强烈的刺激和猛烈的打击。

典型代表人物：林黛玉。

四种气质类型没有好坏之分，不同气质的人的忍耐性、感受性、可塑性、敏捷性、兴奋性等都有所不同。每种气质都有优势和劣势，不能决定一个人的社会价值和成就的高低。在同一领域有杰出成就的人，各种气质类型的代表都有，所以不同气质的人都可能成为某一领域的杰出代表。

(资料来源：http://www.doczj.com/doc/7cca3f946bec0975f465e28f-2.html)

知识导读

自我认识是对自己存在状态的一种察觉，包括对自我的生理状态、心理特征、自身能力及人际关系等方面的认识。自我认识是自我意识的首要成分，也是自我调节、自我控制的心理基础，包括自我感觉、自我概念、自我观察、自我分析和自我评价等形式。

认识自我可以从生理、心理、社会三方面入手。

(1) 生理自我：是对自己的躯体、性别、体形、容貌、年龄、健康状况等方面的认识。

(2) 心理自我：是对自己的智力、兴趣、气质、情绪、价值观、意志品质、爱好等方面的认识。

(3) 社会自我：是对自己的家庭、人际交往情况、学业、职业、社会地位等方面的认识。

策略训练

正确认识自我、评价自我是形成健全人格的重要保证，是发展自我、超越自我的前提。对自己的认识越是准确，则自己选择合适的道路的可能性越大，那么取得成功的可能性就越大。为了正确认识自我，可以尝试以下几种方法。

策略一：在自我反思中认识自己

孔子说，我们需要每天“三省吾身”。通过自我反思，可以有效地帮助自己更加全面地认识自己。比如通过“我是一个什么样的人”“我有哪些优点和缺点”“我在哪些方面可以做得更好”“我在实践活动中的技能水平、创造力、观察力等如何”等问题，全方位地观察自己、认识自己。通过自己对人、事、物的态度和行动深刻地了解自己，有助于给自己一个准确的自我定位，从而有助于接纳自我和完善自我。

策略二：在他人评价中认识自己

唐太宗说：“以史为镜，可以知兴替；以人为镜，可以明得失。”我们需要积极、主动地与老师、同学、父母及朋友进行沟通，通过与他们的交流，进一步获得对自己的外貌、性格、学习能力及品德等方面的全面、客观的评价，这将有助于我们更客观、更清晰、更全面地认识自己。

策略三：在社会比较中认识自己

一是通过在活动中与同学、朋友等进行比较，如参加各种考试、比赛等，对自己形成新的认识；二是通过进行心理测验，如 16pf 人格特质测验，来进一步认识自己。

反观自我

问一问

(1) 我是谁？

(2) 我有哪些优点和缺点？

(3) 我最喜欢做的事情是什么？

(4) 我有什么目标？

(5) 我希望自己成为怎样的人?

想一想

阅读下面的小故事，说说你受到了什么启发。

沉香与木炭

一位年老的富翁有一个从小娇生惯养的儿子。富翁有巨额财产，却害怕遗留给儿子反而给他带来祸害。他把儿子叫来，对儿子讲了自己如何白手起家，经过艰苦的拼搏才有今天。父亲的故事感动了这位从未出过远门的青年，激发了他奋斗的勇气，于是他立下誓言：如果不找到宝物就绝不返乡。

青年打造了一艘坚固的大船，在亲友的欢送中出海。他驾船经历了险恶的风浪，经过无数的岛屿，最后在热带雨林中找到了一种树木。这种树木高达十余米，在一片雨林中只有一两棵。砍下这种树木，经过一年时间让外皮朽烂露出木心，木心会散发一种无比的香气。放在水中，它不像别的树木浮在水面，而是会沉到水底去。青年心想：这真是无价的宝物啊!

青年把这浓香无比的木心运到市场出售，可是没有人来买，这使他非常烦恼。与他相邻的小贩在卖木炭，小贩的木炭总是很快就卖光了。刚开始的时候青年还不为所动，日子一天天过去，他的信心终于动摇了，他想："既然木炭这么好卖，为什么我不把香木变成木炭来卖呢?"

第二天，他把香木烧成木炭，挑到市场上，一会儿就卖光了。青年非常高兴，得意地回家告诉他的老父亲。老父亲听了，忍不住落下泪来，叹息道："手里有沉香却不知道它的珍贵，反而羡慕别人手里的木炭，最后竟丢弃了自己的珍宝。"

原来，青年烧成木炭的香木，正是这个世界上最珍贵的树木——沉香，一小块的价值就会超过一车的木炭。

青年为什么会犯这样的错误? 归根结底，是因为他只看表面现象，没有充分认识自己所拥有的东西，导致远远低估了沉香的价值。

充分、客观地认识自己是很重要的，如果我们不能很好地认识自己，可能就没有信心去充分发挥自己的能力，无法展示自己，甚至会丢掉自己身上很珍贵的东西。因为人往往容易看到别人身上令人羡慕的优点，却忽略对自己的认识。

(资料来源：https://wenku.baidu.com/view/212aeb2a1eb91a37f1115caa.html)

活动拓展

活动主题：我的自画像

【活动目标】

学生通过自我反省活动认识自己，了解自己的独特之处。

【活动准备】

白纸、笔、令人放松的音乐。

【活动过程】

在人生这个色彩斑斓的大舞台上，我们每个人都扮演着自己的角色，同时充当着他人的观众。闭上眼睛想象一下，你的面前放着一面镜子，你看到了什么？里面的人帅气、漂亮吗？快乐吗？他(她)的外在有什么特点？好，现在让我们睁开眼睛，拿起手中的笔，把你看到的画下来。

(1) 给自己画一幅简笔画(突出自己的特点，如眼睛、发型、酒窝、鼻子等)。

随着时间的推移，我们也在点点滴滴地积累着对自己的看法，也对自己有了一定的认识。我是什么样的人？独立吗？内在的自己需要什么？我到底是谁？完成属于自己的“二十行诗”。

(2) 用 20 句话来描述“我是一个什么样的人”。

① 我是____。

② 我是____。
③ 我是____。
④ 我是____。
⑤ 我是____。
⑥ 我是____。
⑦ 我是____。
⑧ 我是____。
⑨ 我是____。
⑩ 我是____。
⑪ 我是____。
⑫ 我是____。
⑬ 我是____。
⑭ 我是____。
⑮ 我是____。
⑯ 我是____。
⑰ 我是____。
⑱ 我是____。
⑲ 我是____。
⑳ 我是____。

写得越多，则说明你对自己越了解；反之，亦然。

如果有涉及未来的描述，则是有理想、有抱负、充满生机的表现；如果没有涉及未来的描述，则是对未来没有做好规划，得过且过的状态。

仔细体会自我描述中使用的形容词，如果是打比方，那么该情境或该事物具有什么象征意义？自我描述中的自我不仅反映他人眼中的自我，同时也反映自己对待人生的态度是积极的还是消极的。积极的人生态度有助于我们从外界环境中获得对自己有帮助的信息，提高我们的自尊心和自信心。

把自我描述做一个归类，了解生理自我、心理自我和社会自我三个方面的内容各占多少比例？如果生理自我占的比例过大，建议进一步反思，增加心理自我和社会自我的比例。

【小组分享】

你喜欢自我描述中的自己吗？

【注意事项】

要求引导学生进行真实的、开放的自我描述。

第二节 悦纳自己

心灵故事

在《中国梦想秀》节目中，24 岁的无臂女孩杨佩展示了用脚穿针、引线、绣十字绣的绝技，不仅震撼了全场，也感动了全场，并且最终实现了开一家十字绣店的梦想。杨佩在 9 岁那年因为触碰高压电线而失去了双臂，平静的童年生活戛然而止，她再也不能像同龄伙伴一样过正常人的生活。截肢对于还没开启绚丽人生的她来说，太残忍，这意味着求学生涯的结束和凄苦生活的开始。但乐观向上的杨佩并没有向命运屈服，她经常用张海迪、邰丽华的事迹激励自己，要自立、自强、自信。15 年来，失去双手的她，经历了常人无法想象的艰辛，努力地锻炼自己的双脚。现在，她可以用脚吃饭、打电话、发短信、穿衣服、做饭、扎头发……没有双臂，她一样可以用脚独立地生活。当有人问她："你失去了双臂，为什么还能笑得如此灿烂？"她的回答是："我想把我的快乐传递给我身边的人，我想用我的乐观感染那些悲观的人。"所以，有缺陷没关系，关键是愉悦地接纳它，每个人的人生都同样绚丽多彩。

典型案例

我怎么这么丑

小雨是一名高一女生，长相中等，头发暗黄，身材微胖。她老是与影视明星做比较，越比就越觉得自己长得丑，对自己越来越没有信心，渐渐地变得非常腼腆，性格内向，不愿接触生人。在课堂上，她从不主动举手发言。老师提问她时，她也总是低着头回答，声音小得连自己都听不清。下课除了上厕所，总是静静地坐在自己的座位上发呆，老师叫她去和同学玩，她也只是勉强应付一下。有些人对她这种行为感到不理解，误认为她清高自傲，不屑与人交往。其实她并不是高傲，而是怕被人瞧不起。

【想一想】

很多高中生经常会有这样的想法："我为什么学习成绩不如他呢""为什么我的生活条件不如他呢""为什么我长得没有她好看呢"等。有困惑是很正常的，毕竟人生总会有这样或者那样的不如意。但是，如果你总是盯着这些不足，久而久之，你可能就会走向自卑的深渊。其实，要很好地解决这些烦恼，我们必须先真正地了解自己。

测一测

你了解自己吗

本问卷由30个题目组成，可以帮助你了解真实的自己。请根据自己的实际情况回答“是”或“否”。

(1) 我每天要照3次以上的镜子。

(2) 我一点也不在乎别人对我的看法。

(3) 我觉得自己其实并不了解自己。

(4) 我很留意自己的心情或情绪变化。

(5) 我常把自己和其他人进行比较。

(6) 我常常在睡前对自己一天的言行进行思考。

(7) 做错一件事后，我常不明白当时自己为什么要这样做。

(8) 我比较注意自己的外表。

(9) 我做事情随意性比较大。

(10) 做出决定时，我很清楚这样决定的理由。

(11) 我总是努力地想了解别人的想法，并按别人的要求行事。

(12) 我总是穿着整齐、干净。

(13) 我弄不清自己是脾气好的人，还是脾气坏的人。

(14) 我弄不清自己能力是比其他同学强还是弱。

(15) 我对自己将来成为怎样的人毫无把握。

(16) 我总是担心自己能否给他人留下好印象。

(17) 我对自己的外貌有自知之明。

(18) 我遭受挫折后总要对自己的行为进行反思。

(19) 我常控制不住自己而向其他人发火。

(20) 有时，我弄不清自己为什么而沮丧。

(21) 考试前，我通常不知道自己是否能及格。

(22) 很多事，我开始做后才发现根本没能力完成。

(23) 我不高兴时，总会设法从消极情绪中摆脱出来。

(24) 考试后，我常弄不清自己考得好不好。

(25) 大多数情况下，我知道自己行动的动机。

(26) 我觉得别人应当对我有好印象。

(27) 我常感到莫名的烦躁。

(28) 我不知道自己与班上哪些同学比较谈得来。

(29) 我清楚地知道自己的优点和缺点。

(30) 一般而言，我很清楚自己追求的是什么。

【测试说明】

(1) 计分方式：第(4)(5)(6)(8)(10)(12)(17)(18)(23)(25)(26)(29)(30)题答“否”计 1 分，答“是”计 0 分；其余题答“是”计 1 分，答“否”计 0 分。各题得分相加便是总分。

(2) 结果解释如下。

0～10 分：有自知之明；

11～20 分：对自己了解不全面；

21～30 分：不了解自我。

根据测试的结果，进一步了解自己的实际情况。如果是对自己不够了解或者根本不了解的话，就需要进一步全面了解自己。我们只有在充分了解自己的基础上，才可以无条件地接纳自己的全部，包括优点和缺点。

知识导读

我们为什么会对自己不满意、不接纳，甚至讨厌自己呢？大致有以下几个原因。

自卑心理作怪

自卑往往是导致我们不能很好地接纳自己的重要原因。自卑的来源可能是外在形象不佳，比如身材矮小、肥胖；可能是家庭经济条件差；还可能是成绩太差，经常被家长、老师批评或者被同学嘲笑等。总之，自卑很容易成为我们接纳自己的障碍。

完美心理作祟

其实，在其他人看来，很多同学各方面都很好，但是，他为什么无法接纳自己呢？很多时候，往往是因为他有完美心理，对自己的期望值太高了，所以就会觉得自己不够好。举例来说，满分 100 分，一个追求完美的人如果考了 99 分，他就会觉得自己为什么会丢那一分呢，进而陷入烦恼和自责之中。而对于很多同学来说，99 分已经是很高的分数了。

思维定式作怪

如果一个人从小就缺乏自信心，缺乏别人尤其是亲人对自己的肯定，他会从心理上给自己贴一个标签：我不行、我不好。随着时间的推移，即使他已经变得很出色了，他的思维还是会停留在以前，认为自己就是不行，认为自己就是不好。这种思维定式很难被有效地改变，表现为他始终不接纳自己。

策略训练

作为高中生，我们该怎样悦纳自己呢?

策略一：看到自身的优点，也承认自己的不足

每个人都有自己的优点，都有值得骄傲的地方。如果你能经常看到自身的优点和长处，发现自己的价值，就能增强自信心，减少自卑感。你可以从智力、体力、品德、意志、修养等方面寻找自己的长处，把自己的优点写下来，时常对自己进行赞美和鼓励，使自己满怀希望地走向未来，形成一个积极的观念：我并不比别人差！与此同时，我们还需要承认自己的不足，接纳不完美的自己，比如，我的确身高有点矮，但是，没办法改变，就只有接受了。

策略二：正确看待他人对自己的评价

他人对你的评价有时是不客观、不全面的，因为他对你的评价结果是根据他的标准来确定的。所以，我们对别人的评价不必争一时之长短，也不应太在乎别人的评价，更不必因为别人的看法而限制自己的行动，应按照自己认为合理的方式去思考和生活，朝着自己的目标迈进。走自己的路，让别人说去吧！

策略三：用积极的行动证明自己的能力和价值

不仅要看到自己的优点，还要大胆地表现。扬己之长，避己之短，努力树立一个积极、乐观的形象，要相信自己的能力和价值。每一次发言，每一次竞赛，每一次展示自己的机会，都要积极地去争取、去尝试，因为只有积极行动才有可能成功，退缩与回避只能带来自责、懊悔与失意。注意循序渐进，先从自己最擅长、最拿手的地方开始做起。有了一次成功，就会发现自己是可以的，打破思维定式，自信心就会随之增强。

反观自我

问一问

(1) 我真的很差吗?

(2) 我是否悦纳了自己?

(3) 我是不是为了别人的看法才改变自己?

想一想

阅读下面的小故事，说说你受到了什么启发。

一切从爱自己开始

人的不幸是从小看自己开始的。

传统教育让我们从小就谦虚、谨慎，大家都更善于发现别人的优点与自己的不足。基于这样的习惯，自我的努力就变成了追赶别人的游戏。而且，随着年龄的增长，“别人”越来越多，自己追得精疲力竭，充满沮丧。

看别人活，活给别人看，活在别人的阴影下，我，渺小而无力。

现实生活中，一切都强于自己的别人是不存在的。我们所艳羡的是别人好的一面，同样，我们自卑的，也只是自己不如别人的一面。

不能全面、客观地看待别人，同样就不能全面、客观地看待自己。善于发现自己的优点，才能建立真正的自信。客观地看待别人，才能知道自己准确的人生定位。

人首先要爱自己，进而才能爱别人。人无完人，不要对自己太苛刻。

爱自己是不能有选择性的，爱自己的所长很容易，但不抱怨自己的缺憾与不幸很难。初涉人生，每个人都满怀希望，但事遂人愿的故事似乎总发生在别人身上，每个人看到的都是自己的艰辛与坎坷。这是一个心理认知的误区，之所以这样，是因为我们看别人时，往往只看见结果，而看不见过程。而看自己则正好相反，过程的煎熬有时甚至遮盖了结果的光彩，自己的人生因此而黯淡无光。

每个人都是一个独特的存在，要学会给自己找理由，倔强、坚强地活着。只有自己爱自己，别人才会爱你。要善于放大自己的所长，哪怕它微不足道，将它放大了，就会成为你自己独特的品格，被人牢记，被人尊重。妄自菲薄是人生的“毒药”，任何一个强大的人都是内心坚定、充满自信的人。

一切从爱自己开始，这是人走向成熟的第一个阶梯。

(资料来源：https://www.douban.com/note/522888560/，有删改)

活动拓展

活动主题：喜欢我自己

【活动目标】

通过这个活动正确地认识自己、悦纳自己，从而提高自信心。

【活动准备】

(1) 将班级中的同学分组。

(2) 班级中的同学围坐成一圈。

(3) 每人准备纸和笔。

【活动过程】

(1) 教师引导：我们一起来听一个小故事，请同学们边听边思考，这个故事给你的启发是什么？

一个女孩有一副动听的歌喉，但她却长着一张大大的、难看的嘴，还有满口龅牙。有一次，她去参加歌唱比赛。上了台，她担心被观众和评委耻笑，只顾掩饰自己的龅牙，结果没有很好地发挥。有位评委听了她的歌之后，认为她的音乐潜质极佳，便到后台找她，很认真地劝告她："你在演唱的时候为什么要极力掩饰自己的牙齿呢？张开你的嘴巴，把歌唱好才是主要的。只要你自己不觉得龅牙难看，观众就会喜欢你。"女孩接受了这位"伯乐"的建议，放开自己，尽力去唱，最后她成了著名的歌星。

(2) 教师小结：人必须先接受自己、爱自己、相信自己，别人才可能接受你、爱你、相信你。如果你自己都不喜欢自己，那别人怎么喜欢你呢？

(3) 每个人都会对自己产生不满，这些不满有些可以改变，有些不能改变。你对自己哪些方面不满呢？试着写一写。

① 我不喜欢的且不能改变的自己：____

____，我会试着接受它，因为它，我才成为独特的自己。

② 我不喜欢的但可以改变的自己：____

____，我会努力改变它，因此，我将________________________，让它成为我人生的动力。

③ 我喜欢的自己：____

____，这就是我，我喜欢我自己。

【小组分享】

今天的活动中，你体会到了什么？有什么收获？

【注意事项】

(1) 用心去做，不嘲笑别人的缺点。

(2) 积极发言，提升信心。

(3) 对于勇于发言的学生要鼓励，不应予以价值判断。

第三节　向自卑说“不”

心灵故事

阿德勒说：“我们每个人都有不同程度的自卑感，因为我们都想让自己更优秀，让自己过更好的生活。”自卑者总是喜欢不停地找出优胜者的优胜之处，然后拿它们与自己的薄弱之处相比。于是，在学习和生活中，我们往往会遇到这样的情况：站在篮球场上，看到别人身手敏捷，进球无数，我们会为自己不协调的动作而黯然神伤；坐在教室里，听到老师表扬别人成绩优异，我们会为自己是“学渣”而羞愧难当。其实，我们最大的敌人往往是自己，让我们一起战胜自卑，做一个自信的人吧！

典型案例

我怎么这么笨

高一学生小雨向班主任诉说道：从小，父母对我要求非常严格，喜欢把我与邻居家的小孩对比，说哪家小孩很厉害，让我向他学习。每当犯点小错，父亲都会数落我：“你怎么这么笨，这点小事都做不好，长大以后能有什么出息？”正因为如此，我一直很努力，很想做好每件事，特别希望能取得好成绩，希望父母能看到我的成长和进步。可每次都事与愿违，成绩始终上不去。前几天，期中考试成绩出来了。看到成绩的那一刻，我真的很伤心、很难过。因为我已经很努力了，为啥考试成绩还是不理想呢？此外，我性格内向，不爱说话，不敢在课堂上主动发言，担心同学们会嘲笑自己，父母也经常因此批评我。哎，我觉得自己很笨、很没用，感觉什么事情都做不好。

【想一想】

进入高中后，当你考试成绩不好时，是否也会心灰意冷，怀疑自己是不是太笨了呢？你是否会因为担心被老师和同学嘲笑，而不敢主动与老师、同学交流，不敢积极地参与班集体的活动呢？只有不断地提升自己的自信心，才能解决这些问题。

测一测

每一个题目是一个有关自我感觉的句子，请根据自己的情况作答。每一个题目都有 4 个答案：很不同意、不同意、同意、很同意，请从 4 个答案中选择一个适合自己的。答题过程中不得漏题，在同一题目上不得思考太长时间，根据看完题后的第一反应作答。

(1) 我认为自己是一个有价值的人，至少基本上是与别人相等的。

(2) 我觉得我有很多优点。

(3) 总体来说，我觉得我是一个失败者。

(4) 我做事的能力和大部分人一样好。

(5) 我觉得自己没有什么值得骄傲的。

(6) 我对自己持肯定的态度。

(7) 总体而言，我对自己感到满意。

(8) 我希望我能够更多地尊重自己。

(9) 有时候我确实觉得自己很无用。

(10) 有时候我认为自己一无是处。

【测试说明】

1. 计分方式

在 10 个题目中，(1)(2)(4)(6)(7)题的计分方法是：很不同意计 1 分，不同意计 2 分，同意计 3 分，很同意计 4 分；(3)(5)(8)(9)(10)题的计分方法是：很不同意计 4 分，不同意计 3 分，同意计 2 分，很同意计 1 分。

2. 结果解释

10～15 分：自卑感较强者。你对自己缺乏信心，尤其是在陌生人面前，你总是感到自己事事都不如别人，你时常感到自卑，需要大大提高自信心。

16～25 分：自我感觉平常者。你对自己感觉既不是太好，也不是不好。你在某些场合感到相当自信，但在其他场合却感到相当自卑，你需要稳定你的自信心。

26～35 分：自信者。你对自己感觉非常良好。在大多数场合，你都充满了自信，你不会因为在陌生人面前而感到紧张，也不会因为没有经验就不敢尝试。你需要在不同场合中调试你的自信心。

36～40 分：超级自信者。你对自己感觉太好了。在所有场合，你都对自己充满了信心，你甚至不知道什么叫自卑。你需要学会控制你的自信心，自谦一些。

知识导读

自卑心理的表现

个体心理学创始人、奥地利心理学家阿德勒通过长期研究得出结论：天下无人不自卑。由此可以看出，自卑是一种常见的心理现象，每个人都会存在。自卑是相对自信而言，指对自己有着不良的观念、不适宜的评价以及赋予过低的自我价值。在生活和学习中，自卑感较强的学生常有以下心理行为表现。

(1) 常常低估自己的能力，看不到自己的长处与优点，而且还习惯拿自己的缺点和别人的优点比较，由此对自己心怀不满，觉得事事不顺心，感到生活非常悲观，内心容易沉闷、压抑。

(2) 人际交往中往往表现为胆小怯懦、沉默寡言、猜疑心重、遇事冷淡且畏手畏脚。不敢大方地与人交往，尽量避免参加集体活动，担心在他人面前出丑，害怕遭到拒绝与被嘲笑。与人交往时，不敢大胆地发表自己的看法、观点，缺乏必要的生活勇气和信心。

(3) 喜欢采取消极的心理防御方式获得心理平衡。比如，有的同学看到别人比自己强，又不敢正视自己的弱点，就把自己的不满情绪转嫁到他人身上，靠贬低他人来调整失衡的心态；有的同学则采取伪装自己的方式，摆出自负、清高的样子，对自己的短处加以掩饰和否认等。

策略训练

策略一：全面、辩证地看待自己、评价自己

(1) 每个人都有自己的长处和优点。我们不仅要如实地看到自己的短处，也要恰如其分地看到自己的长处，切不可因自己的某些不如人之处而忽视自己的过人之处。

(2) 学会正确地与他人比较。人生活在社会中，和别人产生比较是很自然的一件事。如果你喜欢拿自己的缺点比别人的优点，就会越比越气馁，越比越失落，这种比较显然有失偏颇。正确的比较应该是全面的比较，既比上，也比下；既比优点，也比缺点。跟下比，看到自己的优势；跟上比，找到自己的不足，鞭策自己进步。

(3) 学会正确归因。不能因一两次失败就认为自己能力不行。失败可能是多方面的原因造成的，不一定是能力不足造成的。

策略二：学会积极的自我暗示

(1) 当遇到某些情况感到信心不足时，不妨运用语言暗示：“别人可以，我同样也可以。”“别人能成功，我也能成功，继续加油吧！”从而增强改变现状的信心。

(2) 建立新的兴奋点。当处于劣势或面对自己的弱项时，可以通过有意转移话题或其他事情来分散自己的注意力，以淡化和缩小弱项在心理上造成的自卑阴影，缓解紧张和压力。

(3) 练习当众发言。卡耐基说："当众发言是克服羞怯心理、增强自信心、提升热情的有效突破口。"想一想，你的自卑心理是否多次发生在需要当众发言的情况下？当众讲话，谁都会害怕，只是程度不同而已，所以不要放过每次当众发言的机会。

(4) 体验成功。自卑的体验往往是过去挫折、失败的经历所致，而自卑的学生也往往生活在过去挫折、失败的阴影里。经常回忆因自己努力而成功的时刻，或合理想象将要取得的成功，则可以激发信心。此外，多和以前的自己比较，看到进步之处，获得成功体验。

策略三：充分发挥补偿作用

人无完人，每个人都有自己的缺点，关键是在认识到这些缺点后能积极行动，加以弥补。"勤能补拙"与"扬长补短"是两种积极的补偿方法。知道自己在哪些方面有缺点，不背思想包袱，以最大的决心和毅力去克服它或者充分发扬其他优点来补偿它。比如，外貌有缺陷，但可以通过努力学习，以优异的成绩来弥补外貌缺陷所带来的自卑感。学会设置合适的补偿目标，能帮助我们找到前进的动力，增强自信。

反观自我

问一问

(1) 我为什么会自卑呢？

(2) 自卑会对自己产生什么样的影响呢？

(3) 我可以正确认识与评价自己，做一个乐观、自信的人吗？

(4) 我学会了哪些方法与策略来应对自卑心理呢？

想一想

阅读下面的小故事，说说你受到了什么启发。

断臂钢琴师

"没有人规定钢琴只能用手弹，在我的人生中只有两条路，要么赶紧死，要么精彩地活着！活着就值得庆祝！"这句深入人心的人生感悟被广为传颂，其中蕴含的坚韧、顽强、积极、乐观的精神感动了很多人。这句话出自一个有着不幸命运却依然乐观、坚强的中国男孩之口，他就是感动了亿万人的断臂钢琴师——刘伟。

刘伟，生于 1987 年，小时候梦想成为一名职业足球运动员。小学三年级时，9 岁的他已经是绿茵足球俱乐部二线队的队长。然而，命运给了他一个美妙的开局，却迅速地吹响了终场哨。1997 年，10 岁的他因触电意外失去双臂。脱离生命危险后，刘伟被告知，他将永远失去双臂。他的脑子一片空白，整个人瞬间变得消沉起来，觉得生不如死。但在康复中心两年的日子里，看到了许多病友的生生死死，刘伟仿佛明白了自己能活下来是多么庆幸的事，他发誓一定要坚强起来，并对自己说："只要你能迈出第一步，你就成功了。"12 岁的他进入了北京残疾人游泳队，并在两年后的全国残疾人游泳锦标赛上获得了两金一银。正当他满怀信心备战 2008 年北京残奥会时，一个巨大的不幸又降临在这个原本已经残缺的身体上，他患上了过敏性紫癜。他必须放弃训练，否则将危及生命。他再度陷入迷茫中，此时的他多么渴望找到一个新的方向。在放弃了足球、游泳之后，他寄希望于他的另一项爱好——钢琴演奏。经历了无数的挫折之后，刘伟用脚弹钢琴的水平有了大幅度的提升，这让他异常兴奋。2010 年 8 月，刘伟登上了《中国达人秀》的舞台，在舞台上，他用音乐代替语言，用自己的方式弹奏出了自己的梦想，并最终获得了中国达人秀第一季总冠军。

脚下风景无限，心中音乐有梦。刘伟，用事实告诉人们，努力就有可能。命运让刘伟失去了双臂，却给了他一双隐形的翅膀！

(资料来源：https://baike.so.com/doc/4454638-4663188.html，有删改)

活动拓展

活动主题：告别自卑，拥抱自信

【活动目标】

通过这个活动，让大家深刻认识到自卑心理并非一无是处，它也可以激发你走向成功与卓越；让大家学会从小事做起，从自己做起，做一个乐观、自信的人。

【活动准备】

透明玻璃杯子、回形针等。

【活动过程】

1. 一个小实验

我们常听到一些同学说，我智力不行、反应慢、控制力差、成绩差……情况真的就如我们所想吗？下面一起来做个实验。

(1) 杯子倒满水，与杯口齐平，在你们看来，把多少枚回形针放进杯子，水才会从杯中溢出来？(学生答案不一)请几位同学上来尝试，看看到底放多少枚回形针，水才会溢出来？

(2) 这个实验说明了什么？我们有时是否也像这个杯子一样，刚开始感觉自己已经尽力了，但是试过之后，却发现还有潜力。所以，我们永远不要低估自己的能力。

2. 一则小故事

有一个男孩，在一次意外事故中失去了父母，自己也失去了左臂，孤苦的他被一位武术大师收养。大师传授武艺给他，可始终只教他一个动作，当然他也把这个动作练到了炉火纯青的程度。可他总也想不明白：师父就这样教我，我可能连自保都成问题，怎么与他人对决呢？一次大规模的武术比赛上，师父让他上场比赛，他推脱不了，硬着头皮上了，心里却总在想：我一只手能打过别人吗？没想到，比赛结束，他是最终的获胜者。在他疑惑不解时，师父只告诉了他一句话："我教你的这招，别人只有一个破解方法，那就是抓住你的左臂。"通过这则故事，你们有什么样的感悟？其实，一个人最大的敌人是自己，让我们一起战胜自我，告别自卑，做个自信的人吧！

(1) 讨论：在日常学习与生活中，你们觉得可以通过哪些途径来提高自己的自信心呢？

(2) 总结：建立自信的方法。

① 抓住每一次锻炼机会，如参加班干部或学生会干部竞选，练习当众发言等。

② 昂首阔步，正视他人。

③ 合理看待自我，善于挖掘自身的闪光点。

④ 学会进行积极的自我心理暗示。

⑤ 多与欣赏你的人在一起。

⑥ 自制自信体验表以增强自信心，如表 2-2 所示。

表 2-2 自信体验表

日期	尝试做了什么事情	怎样鼓励自己	怎样做的	自身有什么收获

【小组分享】

你怎样看待自卑心理对你的影响？如何自我调整将其作为你改变、前进的动力？

【注意事项】

(1) 做实验时，尽可能多地让学生动手体验。

(2) 活动过程中，注意引导学生，以引发心灵上的共鸣。

第四节　摘下你的"有色眼镜"

心灵故事

有两位心理学家曾对某些失眠症的患者做了一个心理学的实验。在这些失眠者入睡之前，心理学家让他们服下了一颗无任何药效的糖丸。然后，心理学家把失眠者分成了两组，告诉第一组失眠者，药丸将起令人兴奋的作用；而告诉第二组失眠者，药丸将起催眠的作用。实验结果显示，第一组比第二组更快地入睡了。因为第一组失眠者会把自己难以入睡的原因归为令人兴奋的药丸，所以心里非常坦然，反而更快入睡了。相反，第二组失眠者因为服用了想象中能使人尽快入睡的药丸之后，依然还是那样兴奋不安，于是先前那种自我损害偏向的归因机制被激活了，他们推断服用药丸后仍然难以入睡是自己的神经系统出了什么毛病，怀疑自己的适应能力，这种自责与不安更加重了神经系统的兴奋和紧张，于是，"难眠"就成了难免的了。

因此，对一件事的归因应该客观，不要将外因与内因混淆，这样才有利于自己的进步和问题的解决。

典型案例

女生不如男生吗

飞菲是一名高一女生，初中时成绩名列前茅，到了高中后，自己也很努力，可是期中考试时成绩却处于中等，离自己期望的目标差距很大。此时，她脑海中回想起一句话："到了高中，女生不如男生。"从此以后，这句话反复在她的脑海中盘旋。期末考试时，成绩不但没有起色，反而在班上的名次又退步了几名。为此，她很失望、自卑，晚上甚至出现了失眠，不知道怎么办才好。

【想一想】

如果你是飞菲，你会怎么想，怎么做？如果你是飞菲的朋友，你会怎样帮助她？

测一测

下面这些句子描述了对待一些事情的想法和观点，请用数字 1、2、3、4、5 表示这些描述在多大程度上符合你平时的想法和观点(答案没有对错之分，请放心作答)。其中 1 表示“非常不同意”，2 表示“比较不同意”，3 表示“不确定”，4 表示“比较同意”，5 表示“非常同意”，请记录你每一题选择的数字。

(1) 如果我得了低分，通常我会认为主要原因是我在这门课上没有努力。

(2) 如果我得了低分，我会怀疑自己的学业能力。

(3) 我在某次考试中得了高分，这是因为教师的打分标准太低。

(4) 有时，我考试成功要靠一点运气。

(5) 就我而言，我所取得的好成绩全部来自我的努力。

(6) 取得好成绩最重要的因素是我的学习能力。

(7) 依我的经验，一旦哪位老师认定你是个差劲的学生，那么与其他同学相比，你交的作业更有可能得到低分。

(8) 我得低分的原因可能是运气不好。

(9) 如果我在学校做的不如期望那么好，多半是因为我不够努力。

(10) 要是我没学好某门课程，很可能是因为我缺乏这方面的技巧。

(11) 我得的高分中，有一些只不过说明这些课程比其他课程容易。

(12) 我感到我得的一些高分在很大程度上有偶然的因素，如考试中恰巧出现了我会的问题。

(13) 我得高分全都是因为我在这门课上下了苦功。

(14) 我认为我的高分直接反映了我的学业能力。

(15) 在那些老师讲得枯燥的课程中，我常常得低分。

(16) 我的考试分数低有时会使我认为自己仅仅是不走运。

(17) 低分数提示我不够努力。

(18) 要是我得了低分，我会以为自己没有能力学好这些课程。

(19) 我得了高分，只是因为这门课的内容容易学。

(20) 我有时得到高分数后，我会为自己感到庆幸。

(21) 假如我肯努力，我就能克服通向学业成功之路的任何障碍。

(22) 我得了高分，是因为我学习能力强。

(23) 在我看来，有些时候我得到的低分只意味着有些老师在分数上过于吝啬。

(24) 我得到低分的原因可能是运气不好，即在错误的时间选了错误的课程。

【测试说明】

1. 计分方式

所选择的数字即为所计分数，比如选“1”即计 1 分。

2. 结果解释

能力维度：包含(2)(6)(10)(14)(18)(22)六个题目的总得分；

努力维度：包含(1)(5)(9)(13)(17)(21)六个题目的总得分；

情境维度：包含(3)(7)(11)(15)(19)(23)六个题目的总得分；

运气维度：包含(4)(8)(12)(16)(20)(24)六个题目的总得分。

比较每个维度上的总得分，得分最高则意味着你的归因更倾向于该维度。比如，如果你在努力维度上得分最高，则意味着你更倾向于把成败的原因归结于自身努力的程度。

知识导读

什么是归因

归因指个体对自己或他人的行为的原因加以解释和推测的过程。归因是一种非常普遍的现象。例如，有一位同学上课迟到了，这时，大家都会对这个事件做出解释，有的人会想，他可能是睡过头了；有的人猜测，他可能是遇上堵车了。无论最终将原因归结为什么因素，这种探索原因、寻求解释的过程就是归因。

归因过程中的三种类型

对学习进行正确的归因分析，是为了自己下一步学得更好，使现实自我进一步靠近理想自我。在现实自我靠近理想自我的过程中，会出现以下三种情况。

(1) 自知之明型归因。特点是理想自我比现实自我稍高一些，因此，理想自我对现实自我有导向、激励作用。表现为：①能正确地认识自我，合理地要求自我，即正确定位理想自我，通过努力就能实现目标，每次努力都会获得成就感。②能正确地对待成功与失败。知道自己的优点，也知道自己的不足，所以成功时不会沾沾自喜，知道自己还有不足，与理想的自我还有距离；失败时也不气馁，能冷静地分析原因。③能和谐地与他人相处，不会老是想着与他人比高低、比名次。不骄傲，也不自卑，以平常心与他人相处。

(2) 自我贬低型归因。特点是自我评价过低，与理想自我差距太大，即使付出努力，也因目标过高而受挫失望，理想自我成为苛求自己的紧箍咒。表现为：①拼命地与他人比较，以自己之短比他人之长，看不到自己的优点，越比越感到自惭、羞愧。②对失败或生理上的不足(比如长得不高或不美等)感到自责。③失败归因错误。总是归因为自己脑子不灵，智商不高，觉得努力也没用，丧失信心，对前途悲观失望。④有时会为超越他人而强迫自己做乏味的事，结果学习效果很差，并因此对学习失去兴趣。

(3) 自我夸张型归因。特点是对现实自我评价过高，以致出现了虚假的理想自我。表现为：①喜欢夸大自己的成绩与能力，喜欢炫耀自己、表现自己。②喜欢被他人表扬、赞许，听不得别人的批评。③喜欢说一些不中听的话，常常伤害他人。

策略训练

策略一：多进行努力归因

(1) 努力归因是归因引导的一般原则。也就是说，要积极地引导自己把学习的成败归结于自身努力的程度。例如，如果考了高分或者学习有了进步，我们应该觉得这是自己努力的结果；而如果考了低分或者学习退步，应当认识到这是自己不够努力所导致的。

(2) 进行努力归因的目的在于认识到自己的努力程度是影响学业状况的重要因素，而不要将学业受影响归因于运气、能力等因素。这有助于增强学生对于学习活动的控制感，意识到自己作为学习的主体对于学习所负有的责任，并且可以避免由能力归因带来的沾沾自喜、骄傲自满，或者悲观失望、自暴自弃。

策略二：多进行可控归因

(1) 无论是成功还是失败，都应进行可控归因而不是不可控归因。也就是说，成功时告诉自己这是因为“我很努力”“我复习得仔细”“我准备很充分”等，而不是“我比别人聪明”“我运气好”“题目简单”等自己不可控制的因素，从而增强自信，并在以后的学习中更加努力；而失败时则告诉自己这是因为“努力不够”“学习方法不当”“准备不充分”等，而不是“我不够聪明”“我不是读书的料”，从而避免打击自信心，并且对下次行为的结果形成乐观的预期。

(2) 应该强调的是，当失败时，可控归因的意义尤其重要。如果觉得自己失败的原因是某种自己不能控制的因素，就会感到悲观，不愿再付出努力，认为努力与学业结果无关，即使努力也于事无补，而这非常不利于学习动机的维持和激发。

反观自我

问一问

(1) 考试对于高中生来说就像家常便饭，谁也不能保证自己是常胜将军，谁都有考得不好的时候。当考得不好时，我是怎么想的，这样想对我的情绪和行为有什么影响?

(2) 在生活中，总会遇到困难和挫折，在这种情况下，我又是怎样想的，这样想对我的情绪和行为又有什么影响?

想一想

阅读下面的小故事，说说你受到了什么启发。

飓风与归因

美国心理学家曾做过一次实验，研究飓风给美国南部的居民造成的伤害。一般认为，飓风的破坏力是由多种外在的、人们不可控制的因素决定的，如风力的强度、飓风发生的次数、建筑物的结构、天气预报情况等，但有一个非常重要却经常被人所忽视的因素，这就是人的因素。心理学家分别对中北部的伊利诺伊州的居民和南部的亚拉巴马州的居民进行了调查，伊利诺伊州的居民不太相信个人的命运掌握在上帝的手里，认为运气不太重要，个人的努力对于改变命运是最重要的。而亚拉巴马州的居民大多虔信上帝，认为运气非常重要，个人的努力对于改变命运是不重要的。两州居民对于命运的不同态度决定了他们对飓风采取了不同的防范措施，因此飓风造成的破坏力也截然不同。由于伊利诺伊州的居民相信自己主宰命运，因此，他们在飓风面前积极进取，主动迎击，及时决策，减少损失；而亚拉巴马州的居民消极无为，坐以待毙，乞求上天，悲观绝望，结果亚拉巴马州居民的损失明显大于伊利诺伊州居民。

(资料来源：http://blog.sina.com.cn/s/blog_799437c90102vq0c.html)

活动拓展

活动主题：和合理归因做朋友

【活动目标】

体验合理归因带来的情感体验，形成合理归因的习惯。

【活动准备】

音乐、PPT 课件。

【活动过程】

1. 做自己的“算命先生”

(1) 请同学在自己手上画出五大线纹，分别表示生命线、命运线、智慧线、感情线、婚姻线，提问：同学们觉得自己将来的命运如何？

(2) 将右手慢慢地握起来，握得紧紧的。提示：命运是掌握在自己手里的，要积极改变人生，使人生更美好。

思考：

(1) 同学们觉得自己将来的命运如何？

(2) 当握紧自己的拳头时，你看到了什么?

目的：引导学生领悟“命运的启示”，将归因的方法升华为内在的信念，树立积极向上的人生态度。

2. 人生剧场

(1) 把全班同学分为四个小组。

(2) 根据下面的情景故事，每个小组选择一个方面(能力、努力、情境、运气)进行归因，编排一个合情合理的情景剧。

情景故事：王小波是一名高一男生，性格活泼开朗，爱玩电脑，喜欢打篮球，成绩也很优秀。一次考试中，王小波的外语没考好，老师认为他骄傲自满，没有好好准备考试，将他作为反面教材，在全班同学面前批评了他。由于英语成绩在班里的排名大幅度下降，回家后家长也不理解，他感到压力很大。他下定决心在下次考试中取得好成绩，以重新获得家长和老师的认可。但是在这样的压力下，王小波的数学也发挥失常了，其他科目也受到影响。面对老师和家长恨铁不成钢的态度，王小波……

目的：合理归因是一项实用技能，对该技能的熟练运用有助于学生在生活中化解疑难、勇往直前。学生自编自演的活动方式，有助于促进学生在助人和自助中提高自己的合理归因能力。

【小组分享】

通过刚才四个小组的展示，你获得了什么启示?

提示：只有努力才是唯一可控的因素，这也是我们凭主观意愿可以改变的维度！将失败归因于能力，你会丧失信心、不再努力，当然也不会再成功；将失败归因于情境，你会埋怨客观环境，不会从自身找原因，当然更不会改善自身；将失败归因于运气不好，你会自认倒霉而不会认识到自身也有不足。总将失败归因于能力不好、运气不好，情境不佳，是逃避努力的表现，是惰性使然。一个人不可能永远运气不好！当失败时，多考虑自己是否拼尽了全力。有百分之一的可能，就要付出百分之百的努力，因为只有努力是可控的。

【注意事项】

(1) 在人生剧场环节，安排好小组负责人，引导学生积极参与活动。

(2) 通过情景剧的呈现，引导学生在日常生活中进行积极归因，养成合理归因的习惯。

第三章　学会学习

第一节　为谁辛苦为谁忙

心灵故事

“为中华之崛起而读书”，这一激励中华儿女的励志名言是 1911 年 14 岁的周恩来在回答老师提问时说出的。当时，正在上课的魏校长问同学们：“你们为什么要读书？”同学们纷纷回答：“为父母报仇”“为做大学问家”“为知书明礼”“为让妈妈妹妹过上好日子”“为光宗耀祖”“为挣钱发财”……等到周恩来发言时，他说：“为中华之崛起!”魏校长听到一惊，又问一次，周恩来又加重语气说：“为中华之崛起而读书!”作为一名学生，你读书的目的是什么？

典型案例

读书有用吗

小鸣是一名高一学生，他在初中时成绩名列前茅，同学羡慕，老师器重，使他有众星捧月般的优越感。可到了高中，同学们都是佼佼者，他的比较优势就不存在了，因此感到很不自在。在高一上学期的几次考试中，他的成绩只能排在全班的中等水平，哪怕他自认为加倍努力了，也无济于事。这时他发现，围绕在自己身边的鲜花和掌声没有了，同学们羡慕的话语没有了，老师赞赏的眼神没有了，父母殷切的希望没有了……他开始变得沮丧、烦躁，情绪一落千丈。同时，他又受到周围环境，特别是“读书无用论”思想的影响，开始讨厌学习，上课就想睡觉，作业敷衍了事。

【想一想】

小鸣怎么了？他对学习的态度为什么会发生变化？你有过类似的经历吗？高中阶段的学习时间长，任务繁重，竞争激烈，你是怎么看待的呢？

测一测

中学生学习动机量表

本量表用于了解中学生在学习动机、学习兴趣、学习目标制定上是否存在行为困扰。本量表由 20 个句子组成，测验时，请仔细阅读每一个句子，并与自己的实际情况相对照。若觉得相符，计 1 分；觉得不相符，计 0 分。

(1) 如果别人不督促你，你极少主动地学习。

(2) 当你读书时，需要很长时间才能提起精神来。

(3) 你一读书就觉得疲劳与厌倦，只想睡觉。

(4) 除了老师指定的作业外，你不想再多看书。

(5) 如有不懂的，你根本不想设法弄懂它。

(6) 你常想自己不用花太多的时间，成绩也会超过别人。

(7) 你迫切希望自己在短时间内就大幅度提高自己的学习成绩。

(8) 你常为短时间内成绩没能提高而烦恼不已。

(9) 为了及时完成某项作业，你宁愿废寝忘食、通宵达旦。

(10) 为了把功课学好，你放弃了许多感兴趣的活动，如体育锻炼、看电影与郊游等。

(11) 你觉得读书没意思，想去找个工作做。

(12) 你常认为课本的基础知识没啥好学的，只有看高深的理论、读大部头作品才带劲。

(13) 你只在喜欢的科目上下功夫，而对不喜欢的科目放任自流。

(14) 你花在课外读物上的时间比花在教科书上的时间要多得多。

(15) 你把自己的时间平均分配在各科上。

(16) 你给自己定下的学习目标，多数因做不到而不得不放弃。

(17) 你给自己定下的学习目标，多数不容易做到。

(18) 你总是为同时实现几个学习目标忙得焦头烂额。

(19) 为了应付每天的学习任务，你已经感到力不从心。

(20) 为了实现一个大目标，你不再给自己制定循序渐进的小目标。

【测试说明】

上述 20 个句子可分成 4 组，即 4 个分量表，它们分别测查学生在学习欲望的 4 个方面的困扰程度。每组包括 5 个句子，得分范围为 0～5 分。

(1)～(5)：测查学习动机是不是太弱；(6)～(10)：测查学习动机是不是太强；(11)～(15)：测查学习兴趣是否存在困扰；(16)～(20)：测查学习目标是否存在困扰。

假如你在某组中的得分在 3 分以上，则可认定你在相应的学习欲望上存在一些不够正确的认识，或存在一定程度的困扰。

分别给出 4 个分量表的结果，了解自己学习欲望的 4 个方面是否存在问题，例如，学习动机得分为 4 分，则说明学习动机过弱。

(资料来源：https://wenku.baidu.com/view/51c4525677232f60ddcca1b0.html)

知识导读

学习动机的含义与分类

学习动机是指引发与维持学生的学习行为，并使之指向一定学业目标的动力倾向。

根据学习动机的动力来源，可以将学习动机分为内部学习动机和外部学习动机。内部学习动机又称内部动机作用，是指由个体内在的需要引起的动机。例如，学生的求知欲、学习兴趣、改善和提高自己能力的愿望等内部动机因素，会促使学生积极、主动地学习。内部学习动机激起的学习活动的满足感来源于学习过程本身，而不是来源于学习活动之外的奖赏或分数，可以说学生乐在其中。

外部学习动机又称外部动机作用，是指个体由外部诱因所引起的动机。例如，某些学生为了得到教师或父母的奖励或避免受到教师或父母的惩罚而努力学习，他们从事学习活动的动机不在学习任务本身，而是在学习活动之外。

内部学习动机对学习具有更重要的意义，因为在内部学习动机的驱使下，个体可以自主认识到学习的重要性与价值，出于对知识的好奇、对学习的兴趣、完善自己的期望而积极、主动地投入学习。在内部学习动机作用下，学习是自己选择的结果，这一选择充分体现了自己是自由的，因而更愿意投入时间和精力，遇到挫折也更易坚持，只因这是自己的人生，除了坚持别无选择。而在外部学习动机的作用下，个体可能对学习产生厌倦、逆反情绪，觉得自己不自由，学习是他人要求的结果，把学习当作一种任务与负担，在没有他人要求或监督时就容易放松，坚持性相对较差。

学习动机与学习效果的关系

容易的或简单的任务，学习效率随着学习动机的增强而提高；增加任务的难度，学习动机的强度越大，学习的效率越低。首先，在一定范围内，学习动机的增强有利于学习效率的提高，特别是在学习力所能及范围内的内容时，此效应尤为明显；其次，学习动机处于适宜强度时，学习效率最佳；最后，学习动机的强度超过一定界限时，学习效率会下降。如果学习的动机过强、急于求成，则会产生焦虑和紧张，干扰记忆和思维活动的顺利进行，使学习效率降低，考试中的怯场现象主要就是由动机过强造成的。

学习动机缺乏的表现

(1) 懒惰行为：不愿意上课，不愿意动脑筋，不完成作业，贪玩；学习上拖拉、散漫，怕苦怕累，并经常为自己的懒惰行为找借口。

(2) 容易分心：动机不足的学生，注意力差，不能专心听讲，不能集中注意力进行思考，兴趣容易转移；学习肤浅，满足于一知半解；行动忽冷忽热，情绪忽高忽低。

(3) 厌倦情绪：动机缺乏的学生，对学习冷漠、畏惧，常感厌倦，对学校与班级生活感到无聊；学习时无精打采，无法感受到学习带来的快乐。

(4) 缺乏方法：动机不足的学生，把学习看成是奉命的、被迫的苦差事，因此不愿意积极寻求一些适合自己的学习方法，满足于死记硬背，应付考试。由于缺乏正确的、灵活的学习策略和方法，所以往往不能适应新的学习情景。

(5) 独立性差：动机缺乏的学生，在学习上没有明确的学习目标，学习行为往往表现出从众与依附性，随大流，极少有独立性和创造性。

(资料来源：http://gaokao.gkstk.com/xinlifudao/xuexidongjiquefadebiaoxianjichengyinfenxi. html)

策略训练

策略一：充分认识到学习的重要性

1. 学习会让我们的未来有更多选择的机会

不是说懒散、不努力的学生就没有未来，只是说这样的人往往以后的路会比较艰辛，人生的路会因此而变得狭窄，而用心读书的学生则会有更多选择的机会。不想学习的学生，总能找到不学习也能成功的例子，但不能用特例来诠释每个人的人生。

2. 学习会让我们的生命更精彩

什么是幸福呢？有的同学会说，每天学习和成长的感觉就叫幸福。也有的同学会说，学习太苦了，怎么会把学习和成长的感觉叫幸福呢？白岩松曾说过一句话："人们号称最幸福的岁月其实往往是最痛苦的，只不过回忆起来非常美好。"高中三年，是苦了点，但我们的执着与拼搏会给我们留下非常充实而精彩的回忆。如果在浑浑噩噩中度过高中三年，这段回忆带给我们的绝对不会是快乐，而只能是碌碌无为的悔恨。

3. 学习会让我们更有智慧

何为智慧？掌握了世界万物发展的规律就是智慧。掌握了学科的学习规律，我们就能从容地走进考场；掌握了人生的规律，我们就能优雅地享受生活；掌握了社会的规律，我们就能自信地走进职场。而在学校中的学习与独立思考是掌握众多规律最好的捷径，是走好人生之路的基础。

4. 学习会让我们更高贵

高贵是内化于生命的一种气质、一种涵养、一种品格，不苟且、不卑劣。无论生命际遇如何，都不会影响生命的丰美。好的学校教育会帮我们去掉生命中的杂质，使我们得到文化的滋养，培育高贵而自由的灵魂。

(资料来源：http://blog.sina.com.cn/s/blog_16b1d82630102wpge.html)

策略二：把学习当作自己的事情，对自己的人生和未来承担责任

你有什么梦想？你想过将来要过什么样的生活吗？如果你的梦想是当医生、老师、律师，那么，以你目前的成绩，你能实现梦想吗？有人说，梦想可以激励我们。是的，一想到自己将来可能站在手术台前、站在讲台前、站在法院里，确实会产生一种动力。

其实梦想最重要的作用是告诉我们，未来是我们自己的，我们需要对自己未来的人生承担责任。可能有些同学觉得自己是在为父母、为老师学习，因而内心有厌烦、逆反情绪，一旦他人督促力度减弱就放松下来。但事实上，学习是自己的事情，你想在学习上变得积极、主动，首先要坚定一个信念：你是在为自己读书。

策略三：正确看待学习中的挫折，遇到困难能坚持努力

如果一个人总是在工作或学习上失败，他就会放弃努力，甚至还会因此对自身产生怀疑，觉得自己这也不行，那也不行，无可救药。事实上，此时此刻的我们并不是真的不行，而是陷入了习得性无助的心理状态中，这种心理让人们自设樊篱，把失败的原因归结为自身不可改变的因素，放弃继续尝试的勇气和信心，破罐子破摔。比如，当你一次次参加考试，一次次考得差，久而久之，就会对学习失去信心，甚至产生厌学情绪，于是上课开始不听讲，经常走神，有时还会扰乱课堂纪律，课后也不再认真复习，最终破罐子破摔。

事实上，学习是一个需要长期坚持的艰苦过程，任何一段时间的疏忽都会导致知识的遗漏，从而导致短期内学习成绩下降或考试成绩不理想。遇到挫折是难免的，因为遇到挫折而一蹶不振甚至完全放弃是极为不理智的，唯有找到正确的原因，坚持努力提升自己，才能让自己在学习的道路上越走越远。

反观自我

问一问

(1) 我为什么而学习？

(2) 我如何看待学习的重要性？

(3) 我的学习动机强度如何？

(4) 在学习碰到挫折的时候，我的心情如何，是怎么应对的？

想一想

阅读下面的小故事，说说你受到了什么启发。

我为什么要上学

儿子上学不久问父亲：爸爸，我为什么要上学呢？

父亲：儿子，你知道吧？一棵小树长一年的话，只能用来做篱笆，或当柴烧；10年的树可以做檩条；20年的树用处就大了，可以做梁，可以做柱子，可以做家具……一个小孩子，如果不上学，他7岁就可以放羊，长大了能放一大群羊，但他除了放羊，基本干不了别的；如果上6年学，小学毕业，在农村他可以用一些新技术种地，在城市可以到建筑工地打工，做保安，也可以当个小商贩；如果上9年学，初中毕业，他就可以学习一些简单的机械操作；如果上12年学，高中毕业，他就可以学习很多机械的修理技术；如果大学毕业，他就可以设计高楼大厦、铁路桥梁；如果硕士、博士毕业，他就可能发明创造出一些我们原来没有的东西。知道了吗？

儿子：知道了。

父亲：放羊、种地、当保安，丢人不丢人？

儿子：丢人。

父亲：儿子，不丢人。他们不偷不抢，干活赚钱，养活自己的孩子和父母，一点也不丢人。不是说不上学或上学少就没用，就像一年的小树一样，有用，但用处不如大树多。不读书或读书少也有用，但对社会的贡献少，他们赚的钱就少。读书多，花的钱也多，用的时间也多，但是贡献大，自己赚的钱也多。

(资料来源：http://www.sohu.com/a/150424891_498200，有删改)

活动拓展

活动主题：学习主题大讨论

【活动目标】

思考学习的意义，增强学习积极性，强化学习动机，端正学习态度，并对学习产生持续的积极影响。

【活动准备】

将全班同学分成若干小组，每个小组有 6～8 人，每个小组一张 A4 纸。

【活动过程】

(1) 教师提供 3 个讨论议题：为谁而学习？学习有什么用？到底应该学哪些知识？在解释这 3 个议题时，可适当插入下面的故事或案例。

① 为谁而学习？2001 年 4 月，《中国青年报》报道，湖南株洲一位语文教师在其获市初中语文教研论文评选二等奖的论文中写道："那我又问：你读书为什么，上大学为什么，总之你为了什么？我要明确告诉你，读书考大学，是为自己不是为别人。读书增强个人本领，提高自己的资本，将来能找好工作，挣大把钱，从而有美好的个人生活，如生活愉快、人生充实、前途美好、事业辉煌……所以我强调读书应是为了自己。"你同意这位教师的看法吗？你认为读书是为了谁呢？

② 学习有什么用？我上中学的时候，一旦为学习所困、所累时，也会质疑学习有什么用？想一想每天所学的语文、数学、英语等内容，这些知识对于将来的工作和生活会有什么用呢？请说一说你的见解。

③ 到底应该学哪些知识？目前，大部分同学最在乎的是高考要考的科目，对于音乐、体育、美术、计算机、心理等一些未纳入高考的科目不太重视，对于课程表之外的内容更是漠不关心。"学生学生，以学为生"，可是我们到底该学哪些知识呢？

(2) 把这 3 个议题分派到各小组分别进行讨论。一个议题可由一个小组独立承担，也可以由两三个小组合作讨论。

(3) 各小组汇报讨论结果，并针对其他组的质疑进行辩解。

(4) 讨论结束后，教师总结。

【小组分享】

今天的活动中，你体会到了什么？有什么收获？

【注意事项】

(1) 关于学习主题的讨论虽然很难有统一的结论，但仍有其积极的意义。对这些问题的交流讨论、争辩思考，会对学生的学习动机、学习态度产生直接或间接的影响。

(2) 教师要以中立的态度对待学生的讨论与争辩，对第一个议题不提供终结性结论，但可适时对第二、第三个议题发表个人见解。

(3) 对于勇于发言的学生要鼓励，不应予以价值判断。

第二节　规律学习提效率

心灵故事

钱伟长曾说过，一个青年人不但要用功学习，而且要有科学的学习方法。方法得当与否往往会影响整个读书过程，它能将你托到成功的彼岸，也能将你拉入失败的深谷。由此我们可以认识到学习方法是何等的重要。有无正确的学习方法，学习效果是大不一样的，正如英国著名的美学家博克所说："有了正确的方法，你就能在茫茫的书海中采撷到斑斓多姿的贝壳。否则，就会在黑暗中摸索一番之后仍然空手而回。"正确的学习方法，对于中学生来说显得尤为重要。只有掌握正确的学习方法，才能提高学习效率，使成绩得到上升。那么，我们每个人各自的学习风格是什么呢？如何根据自己的学习风格来选择学习方法呢？

典型案例

原媛的烦恼

原媛从小就喜欢数学，初中时就多次参加竞赛并获得了多个奖项，深得家长和老师的喜欢，同学们也都羡慕不已。中考结束后，原媛如愿来到当地最好的高中就读。她一直对数学充满兴趣，而且也花了很多时间在数学学习上，但事与愿违，原媛高中的数学成绩并不令人满意，这也让原媛感到很头痛。有同学跟她说，要多与同学讨论和交流，不会的问老师，但原媛每次跟大家讨论时，自己都摸不着头脑，不知该从何问起。原媛在学习上不得要领，不禁开始怀疑自己还能学好数学吗？她的心情一天比一天糟糕，对自己的学习也越来越没信心了。

测一测

学习风格测试

对别人有效的学习方法对你来说未必适合，我们可以对自己的学习风格倾向性进行测试，请在符合自己实际情况的描述前打“√”。

(1) 背课文时，写下来比读出声更容易让我记住。

(2) 我可以只通过听歌不看歌词，而学会一首新歌。

(3) 看剧情缓和的电影，令我感到放松。

(4) 我擅长分辨各种颜色。

(5) 我听到一个不太熟悉的朋友的姓名，会先想起他的声音。

(6) 我常泡热水澡来消除紧张。

(7) 我习惯借助文字或图画来解决问题。

(8) 我习惯用谈话的方式来说明事情。

(9) 我习惯通过实际动手来学习新事物。

(10) 上课时，我需要老师把重点写在黑板上才有印象。

(11) 我读书会受到说话声、噪音或电视声的干扰。

(12) 长时间和人群相处，让我感到精神紧绷。

(13) 我习惯将书桌上的用品摆放整齐。

(14) 有空时，我会选择欣赏(听)音乐。

(15) 我习惯穿着宽松、舒适的衣服。

【计分方法】

打“√”计 1 分，不打“√”计 0 分。可区分为视觉型学习者、听觉型学习者、触觉型学习者，具体情况如下。

视觉型学习者：(1)_____、(4)_____、(7)_____、(10)_____、(13)_____，总分_____。

听觉型学习者：(2)_____、(5)_____、(8)_____、(11)_____、(14)_____，总分_____。

触觉型学习者：(3)_____、(6)_____、(9)_____、(12)_____、(15)_____，总分_____。

【测试说明】

分数最高的类型就是你所倾向的学习风格。

如果某两种或三种类型相差 1 分，说明你是综合型学习风格。

知识导读

学习风格

学习风格就是我们在长期的学习中表现出来的一种具有鲜明特点的学习方式。每个人都具有一种或几种学习风格，每个人的学习风格都不相同。每个人喜欢怎样去学习，那就是他的学习风格。

从感知觉的角度划分，有以下三种学习风格。

1. 视觉型学习者，又叫视觉—空间型学习者

学习心法：对于这类学生来说，凡眼力所及之处，都有助于学习内容的吸收，也可能导致分心，所以要多利用环境中的有效视觉信息。

这类学生记住知识的最佳方式是亲眼见到所学的相关知识，文字、图片、视频及博物馆展品等都可以帮助他们很好地学习。

2. 听觉型学习者，又叫语音型学习者

学习心法：这类学生对声音特别敏感，可能因此提高学习效率，也可能会给学习造成障碍，制造有利的声音环境是重要原则。

这类学生在学习时，需要用声音作为一种背景，才能更好地集中思想。比如播放摇滚音乐会促进他们的学习，而不会干扰他们。

3. 触觉型学习者，又叫操作型学习者、身体—运动型学习者

学习心法：对于这类学生来说，周围的任何事都容易影响其敏锐的触觉神经，保持平和、稳定的心态和舒适的空间，多亲自去体验是重要原则。

这类学生在学习时，需要较多的身体活动参与，才能记住课堂教学的内容。动手参与项目，如模型制作及节目表演，是一种有效的学习手段。

有效的学习方法

学会学习是高中生学习的主要目标之一，学会学习的重要标志就是善于灵活运用适合自己的学习方法。这里介绍两种行之有效的学习方法。

1. 增强自信法

人往往因为自信而成功，也往往因为缺乏自信而失败。19 世纪的思想家爱默生说：“相信自己‘能’，便攻无不克。”拿破仑甚至讲：“在我的字典里，没有‘不可能’这个词。”正因为有这样的自信心，他南征北战，横扫欧洲大陆。

事实上，有许多同学正是缺乏学好某门课的信心，产生了畏惧心理，丧失了兴趣，所以要培养学习的兴趣，可以从增强自信心入手，具体有如下几个步骤。

(1) 想象自己曾获得成功的事情，努力回味那种成就感，以激发对学习的兴趣。

(2) 令人愉快的事物总能激发人的学习兴趣，所以尽量想愉快的事情，如“我今天将再学会 10 个单词”“今天又学会了方程式的解法”，让自己知道今天超越了昨天，树立“每天多做一点，就是成功的开始”的信念。

2. 培养兴趣法

兴趣是最好的老师。如果我们能够培养对学习的兴趣，那么，学习起来肯定就心情愉快，效率高。如何培养对学习的兴趣呢？戴尔·卡耐基有句名言：“假如你假装对工作感兴趣，那么这种态度会使兴趣变成真的，并且消除疲劳。”这种经验可以很好地应用在学习兴趣的培养上。如果你对某一门课或对学习不感兴趣，你就可以训练自己假装对它感兴趣，并坚持下去，必定会有很好的效果。

首先，训练自己面带微笑。当面对自己不喜欢的课程时，不要愁眉苦脸，要面带微笑，并要从心底里愉悦起来，保持一种快乐感。

然后，用肯定、简短的语句宣布：“我很喜欢你！”“我对你很感兴趣！”

这样坚持一段时间后，就会解除心中的排斥感，真的产生兴趣了。这种方法并不会让人“心想事成”，它要求你在心里产生学习兴趣之后，立即深入研究下去，将这种兴趣转化为深入学习的动力。

策略训练

策略一：针对视觉型学习者

(1) 可以用各种彩笔或标记画重点。

(2) 书桌保持整洁，只留必要用具以免分心。

(3) 将听到的重点尽快转化为文字或图表。

(4) 勤动手整理笔记。

(5) 善于用教学光盘等视听媒体。

策略二：针对听觉型学习者

(1) 背书时大声朗诵，会事半功倍。

(2) 书房保持安静很重要。

(3) 若环境嘈杂，可用轻音乐隔离噪声。

(4) 播放教学录音时戴上耳机，便于吸收。

(5) 在睡觉前听教学或自制录音，以助学习。

(6) 上课时专心听讲。

策略三：针对触觉型学习者

(1) 利用各种感官，如嗅觉、味觉、触觉去认识新事物。

(2) 保持读书环境空气流通、光线充足。

(3) 保持心情愉快很重要。

(4) 多通过手脚比画的方式去记忆。

(5) 动手做实验效果奇佳。

反观自我

问一问

(1) 我的学习风格是什么?

(2) 我更适合哪些学习方法?

(3) 我有哪些学习方法很不恰当?

(4) 我该如何调整我的学习方法?

想一想

阅读下面的小故事，说说你受到了什么启发。

高中生们，你的学习方法是什么

对某学校高三年级部分学生做了一个现场调查:“文科的学习方法是什么?”在座的所有同学都异口同声地响亮回答:“背!”“理科的学习方法是什么?”“做题!”

现在很多同学都错误地认为理科的学习方法就是做题，文科的学习方法就是背。如果单靠死记硬背，肯定学不到真知识；如果单靠题海战术，不仅浪费了大量的时间和精力，而且也不可能融会贯通，即使付出10分的努力，可能连3分的收获也没有。

不同的人有不同的学习风格，对别人有效的学习方法对你来说未必合适，要想高效学习，首先要了解自己的学习风格。学习方法不是仅有死记硬背和做题两种，我们要从学习中找出规律，摸索出适合自己的学习方法，从而提高学习效率，做到事半功倍，在学业上取得成功。

(资料来源：https://zhidao.baidu.com/question/713485781945698405.html，有删改)

活动拓展

活动主题：善用学习方法

【活动目标】

(1) 在班级中树立善用学习方法的榜样人物，从教师、榜样人物、普通同学那里借鉴学习方法。

(2) 找到最适合自己的学习方法，将这些方法应用到实际学习中，检验后再修正。

【活动准备】

每人 1 张小纸片，邀请部分任课教师到场并做好沟通；每人 1 张 A4 纸；每组 1 根 8 米长的绳子。

【活动过程】

1. 热身游戏：开口笑

(1) 教师讲解规则：不管用什么手段，要使对方开口笑出来，否则必须表演一个节目。

(2) 全体学生围站成一圈，从任一位同学处开始，由他选择一位同学，到其面前，想方设法使其开口笑，如果做不到就再找另一位同学去试。如果最终不能实现，就要表演一个节目。开口笑了的同学，就要找其他同学，使他开口笑出来。

(3) 教师引出学习方法话题：不管你用什么方法，只要能让对方开口笑出来，你就完成了本游戏的任务。同样，在紧张的学习中，为了掌握各学科相关的知识与技能、过程与方法等，自然也要有学习方面的有效方法。

2. 选举“善学明星”

(1) 每人 1 张小纸片，在全班范围内选举“善学明星”，即最善于运用学习方法的同学，名额为 3～5 人。

(2) 将小纸片收齐后，请助教在后台立即整理选举结果。

(3) 请学生闭目思考：刚才选举时，你选了哪几位同学？为什么他们能够成为你心中的“善学明星”？他们各有哪些值得你学习和借鉴的学习方法？与心目中的这些“善学明星”相比，自己在学习上有哪些困惑和不如意之处？

3. 学习方法专家谈

(1) 请任课教师代表坐在台前，以专家的身份向大家传授实用的学习方法。

(2) 揭晓同学们选举的“善学明星”，请他们也到台前就座，将各自的学习方法分享给大家。

(3) 同学们把自己在学习方面的困惑提出来，请教师代表和“善学明星”给予指导。

4. 填写“学习方法书”

(1) 每人 1 张 A4 纸，总结自己的学习经验，写下自认为最适合自己的学习方法。

(2) 小组成员之间互相交流，分享彼此的学习方法，各组选优秀者在全班同学面前交流、分享。

(3) 每人在倾听他人的学习经验时，在自己的 A4 纸上补充刚找到的可能适合自己的学习方法。

5. 走进“善学圈”

(1) 每个小组拿 1 根绳子，用绳子围起一个大圈，只留一个小口。本组所有同学暂时坐在圈外的凳子上。

(2) 教师布置活动事宜：这个绳圈代表掌握了适合自己的学习方法的“善学圈”，每人都要在绳圈的开口处，汇报自己总结的学习方法，并倾听组内其他同学建议的学习方法，才能进入“善学圈”。

(3) 每组请第一位学生搬凳子坐到绳圈开口处，分享最适合自己的学习方法，然后由在场的师生根据对他的了解，对他提出另外的学习方法建议，并由他记录下来。完成后，请他带凳子到绳圈内坐下。

(4) 每组其他同学依次进行。

(5) 教师提醒：有助于学习的方法有很多，要在反思自我和借鉴他人的基础上，找到真正适合自己特点的学习方法，并在学习实践中检验和修正。

6. 结束活动

全体同学围蹲成一个大的圆圈，每人把在这节课上填写并完善起来的“学习方法书”拿在手中，把这些纸接成一个圆圈。大家慢慢地同时起立，设法保持大家手中的“学习方法书”仍是一个圆圈，并且大家齐声大喊“善用学习方法，提高学习效率”。

【小组分享】

在这些活动中，你发现了什么？你有什么感受？写写你的心得。

【注意事项】

(1) 注意调动同学们的积极性，鼓励大家通过小组讨论发现各自学习风格中的积极面和消极面。

(2) 要引导同学们积极分享，最好每个小组都派代表发言，这个环节一定不能少。

第三节 记忆直通车

心灵故事

《三国演义》第六十回讲了这样一个故事：张松去许都求见曹操，曹操见张松矮小，相貌又丑，便有意冷落他，边洗足边接见，使张松憋了一肚子气。次日，曹操门下掌库主簿杨修拿出曹操新著兵书《孟德新书》给张松看，意欲显示曹操的才华。张松看了一遍即记了下来，故意笑曰："此书吾蜀中三尺小童，亦能暗诵，何为新书？此是战国无名氏所作。"杨修不信，张松说："如不信，我试诵之。"遂将《孟德新书》从头至尾朗诵一遍，并无一字差错。杨修大惊，就去告知曹操，曹操奇怪地说："莫非我和古人想的一样？"认为自己的书没有新意，就让人把那本书烧了。其实曹操上了张松的大当：张松用他惊人的记忆力，硬是把整部《孟德新书》背了下来。

你是否也希望自己拥有张松那样过目不忘的记忆力呢？一个人的记忆力是天生的，还是靠后天的训练形成的？你有自己的答案吗？

(资料来源：http://www.docin.com/p-48786945.html，有删改)

典型案例

记忆力的困扰

在学习中，我们常为"记不住"而苦恼，高中校园里也总是有一群"记不住"大军，小美就是这大军中的一员。关于自己的记忆力，小美这样认为：初中时记忆力马马虎虎，虽然不具备过目不忘的能力，但一些关键的知识通过读和背还是能记住。自从进了高中，学习科目增多，每天不停地学习，不管什么知识都很容易忘记，学了新的，忘了旧的，反复记、反复忘，每次出现这样的情况都会觉得很失败。不知道是因为压力大，还是自己变笨了，感觉大脑都装满了，再也装不进知识了。

【想一想】

作为高中生，我们都想拥有好的记忆力，让学习变得轻松一些，但事与愿违，很多同学都在为自己的记忆力苦恼，甚至有的同学会产生"我的记忆力天生就差，记不住知识，我也没办法""记得越多，忘得也越多，还不如不学"等消极想法。那么，你是如何看待你的记忆力的？在记忆方面，你有什么好方法吗？

测一测

下面的测验可以检测一个人的记忆力以及记忆力运用是否得法。请认真阅读题目，并做出符合实际情况的选择。

(1) 下面有四个选项，哪一项符合你的情况？

A. 不需要任何帮助即可重现大脑里曾经识记过的东西。

B. 不经过暗示就想不起来，但能从许多东西里辨别出曾识记过的东西。

C. 脑子里即使有某一信息的痕迹，也会忘得一干二净。

D. 提起曾经记忆过的事情时，很容易与其他记忆相混淆，出现错记。

(2) 你喜欢用哪种记忆方法进行记忆？

A. 把记忆对象归纳起来进行记忆的整体记忆法。

B. 把记忆对象分成几个部分进行记忆的部分记忆法。

(3) 你是否常常怀着一种好奇心，或非常感兴趣地去记忆所要记的东西？

A. 是　　B. 否

(4) 对某些东西，你是否理解了才去记忆？

A. 是　　B. 否

(5) 你是否常常将几件相关联的事情联系起来，或者用联想的方法去记忆？

A. 是　　B. 否

(6) 你是否常常将一些相似的东西放在一起去记忆？

A. 是　　B. 否

(7) 当你学习感到疲劳时，是否会改变学习的内容？

A. 是　　B. 否

(8) 你是否能从众多的信息中，把真正对自己有用的东西快速、准确地挑选出来？

A. 是　　B. 否

(9) 对于已经记住的东西，你是否会尽早地使它在大脑中有重现的机会(比如学习后尽早地复习)？

A. 是　　B. 否

(10) 你对所要记忆的东西是否加以整理，制成图表或写成简短的文字来加强记忆？

A. 是　　B. 否

(11) 平时你是否过细地观察记忆对象，或认真考察与记忆对象有关的事项？

A. 是　　B. 否

(12) 你是否能从很多的记忆对象中找出它们的规律性、共同性、特殊性？

A. 是　　B. 否

(13) 你是否常常想借助听、写、朗读或亲身实践来增强对大脑的刺激，以加深记忆印象？

A. 是　　　　B. 否

(14) 你是否常常看报纸、杂志，或者精读一本书，或者通过其他方法将许多有用的信息存进大脑里去？

A. 是　　　　B. 否

(15) 你是否有写日记、感想、笔记、备忘录的习惯？

A. 是　　　　B. 否

(16) 对一些无意义的内容，比如英文字母、阿拉伯数字等，你是否会专心地吟诵、书写，或把它变换成有意义的、好理解的内容去加以领会、记忆？

A. 是　　　　B. 否

(17) 需要记忆的东西很多，你是否会将重要的东西放到开头或末尾去记忆？

A. 是　　　　B. 否

(18) 对一些疑难问题，你是否力求自己找出问题的答案？

A. 是　　　　B. 否

(19) 对于日常纷繁而无必要记忆的琐事，你是否会在短时间内就忘掉？

A. 是　　　　B. 否

(20) 当你要记住某件事情时，你是否抱着一定要记住它的愿望，集中精力，或告诫自己说还差得很远，自己的理解还不充分？

A. 是　　　　B. 否

【测试说明】

第(1)题，说明四种不同的记忆状况：A 选项是记忆对象在大脑中的重现，说明你的记忆力很好，因为在回忆时没有任何帮手，而你回忆的却准确无误。B 选项是对记忆对象的再认识，说明你的记忆力一般，在回忆时需要借助一定的线索。生活的经验告诉你，这种记忆现象平时是占有相当大的比例的，对于你来说，记笔记、写日记等手段会对你记忆事物大有帮助。C 选项是对记忆对象的遗忘，说明你的记忆力不好，不过如果继续学习，你会逐渐克服这个缺点。D 选项，错记说明你的记忆力很差，记忆对象在大脑里只留下一个模糊的印象，不清晰。

第(2)题，有关实验调查表明，A 选项的方法比 B 选项的方法更佳，选择 A 选项的人拥有较强的记忆力。因为整体比部分具有更明确的意义，理解起来相对容易。不过当你记住了事物的整体，而对某些细节的记忆却比较模糊时，重点突破部分记忆对象的部分记忆法自然就显示出强大的优势。

(3)～(20)题：回答“是”，表示你懂得记忆的正确方法，记忆力较强；回答“否”，表示你的记忆方法欠妥，记忆力需要提高。

(资料来源：http://www.xuexila.com/jiyili/xunlian/273364.html)

知识导读

认识记忆

记忆是人脑对经历过的事物的识记、保持、再现或再认，是进行思维、想象等高级心理活动的基础。简单来说，记忆就是人脑对经历过的事物的反映。根据记忆在大脑中保持的时间长短，可以把记忆分为瞬时记忆、短时记忆、长时记忆。瞬时记忆又叫感觉记忆，是一种信息保持时间很短的记忆，一般能保持 0.25～2 秒。短时记忆是一种为当前动作而服务的记忆，它的保持时间较短，在没有复述的情况下一般只能保持 5～20 秒，最长也不超过 1 分钟，且短时记忆的容量有限，一般为 7±2 个组块。长时记忆是信息在头脑中长时间保留下来的记忆，它的容量非常大，信息保持的时间也更长，一般超过 1 分钟的记忆都可以称为长时记忆。在学习上，我们常关心对学习过的知识是否记得住，主要指的就是长时记忆。

记忆的序列位置效应

在阅读文章、背诵课文、记英语单词时，你是否产生过一些特别的感受？比如文章开头和结尾的部分记忆比较深刻，前面和后面的单词更好记？这是因为记忆会受到前摄抑制和倒摄抑制的影响，学习材料的各部分在整体中所处的位置不同，学习效果也会不同，即序列位置效应。

前面学习与记忆的内容对后继学习与记忆的内容产生干扰，叫作前摄抑制，表现为开头部分对中间部分的影响；后面学习与记忆的内容对先前学习与记忆的内容产生干扰，叫作倒摄抑制，表现为结尾部分对中间部分的影响。一般来说，先学习的内容越多，记忆保持得越好，后学习的内容受到前摄抑制的影响就越明显；先学习的内容巩固程度越低，受到倒摄抑制的干扰就越大，反之则越小。而且，学科之间也会相互抑制，材料性质越相似，抑制越严重；不同性质的材料之间，抑制就会少一些。

记忆的遗忘规律

有时我们希望在学习上能拥有过目不忘的记忆能力，有时又希望能很快忘记那些恼人的事情，但发现要做到这样是不容易的，因此时常感叹该记的记不住，该忘的忘不掉，这就是记忆的保持与遗忘。对以前学过的知识、经历过的事件能够回忆起来，就是保持住了，如果回忆不起来或回忆错了，就是遗忘。

德国心理学家艾宾浩斯对遗忘现象做了系统的研究，他在记忆实验中设置了无意义音节字表作为实验材料，研究识记后记忆保持量的变化规律，并把实验数据绘制成曲线图，称为艾宾浩斯遗忘曲线，如图 3-1 所示。

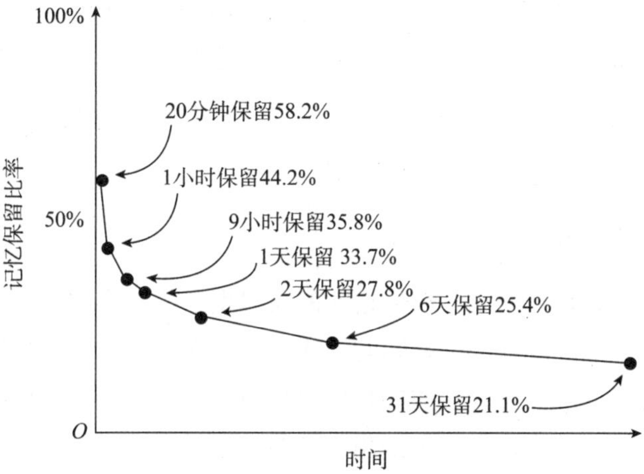

图 3-1　艾宾浩斯遗忘曲线

艾宾浩斯遗忘曲线表明，遗忘进程是不均衡的，在识记后的短时间内遗忘的速度很快，遗忘的知识量很多，以后逐渐变慢，到了相当的时间，几乎就不再遗忘了，也就是遗忘的规律是先快后慢。除此之外，遗忘的进程还受其他因素的制约，我们最先遗忘的是没有重要意义的、不感兴趣、不常用的内容，不熟悉的内容比熟悉的内容遗忘得要早。

策略训练

策略一：及时重复

我们知道，记忆会随着时间的推移逐渐消失。根据遗忘速度“先快后慢”的规律，要想尽可能地减缓遗忘速度和减少遗忘的量，最简单的方法就是进行重复记忆。对想要记忆的知识，先通过复述的形式记住，然后再根据一定的时间周期进行复习，即重复记忆。假设你在记忆一组单词，单词记住后，分别要在 5 分钟、30 分钟、12 小时、1 天、2 天、4 天、7 天、15 天的 8 个时间周期进行复习，通过不间断的复习、复习，再复习，坚持 15 天，之后每天再花一点时间复习，就可以最大限度地提升记单词的效率，减缓遗忘的速度。重复记忆的关键在于不断重复，一般经过 8 个周期的复习后，所记忆的知识就在大脑中形成了长时记忆。即便这些知识随着时间的推移慢慢忘记了，也是暂时遗忘，只要通过再次复习，很快就能唤醒原有的记忆。

策略二：分段记忆与通篇记忆

心理学研究发现，一篇长度为 5000 字的文章，采用从头到尾通篇记忆的方式进行背诵，需要 27.5 小时才能完全记住，采用分段记忆的方式进行背诵，只需花 9.5 小时就能完全记住，采用分段记忆只是通篇记忆时间的三分之一。另外，由于记忆的序列位置效应，中间部分的材料比开头和结尾部分的材料更难记忆，把文章先分成小段记忆，然后再串联起来记忆，可以大大提高记忆效果。

策略三：交叉记忆

记忆的序列位置效应还表明，前后记忆的材料也会相互影响记忆效果，且材料内容越相似，相互间产生的干扰就越大。因此，我们可以在记忆内容和材料组织方面进行巧妙的安排，减少记忆内容和材料之间的相似性从而提高记忆效果。比如，如果一天中将花 1 小时的时间来记忆单词，那么不要用完整的 1 小时来记忆，可以把 1 小时分成 3 个 20 分钟，每 20 分钟后可以穿插记忆其他公式、定理、文章等，也可以把记忆活动与其他活动交叉安排，例如在记忆之后安排一些体力活动等。

反观自我

问一问

(1) 我平时常用的记忆方法有哪些？这些方法的记忆效果如何？

(2) “记不住”的原因主要是什么呢？

(3) 哪一种提高记忆力的方法更加适合我呢？

想一想

阅读下面的小故事，看看你从中能得到什么启发。

普通人也可以不普通

江苏卫视播放的《最强大脑》第三期节目中，一位名叫胡庆文的挑战者，挑战由 648 名舞者组成的 8 大方阵、8 支舞曲、8 种不同舞步的广场舞。要求是，当广场舞瞬间被打乱变成“群魔乱舞”时，胡庆文需要快速辨别 648 名舞者的动作，并将跳着同一舞步的人归到同类方阵。胡庆文最终以超强的记忆力，在 3 分钟内记住 8 大方阵、8 支舞曲、8 种不同舞步，在 20 分钟内从被打乱成“群魔乱舞”的 648 名舞者中，将 5 号方阵跳《小苹果》舞曲的 81 人一一找到，成功晋级。

你可能会羡慕这样的超级记忆力，也可能会好奇他的记忆力是天生如此，还是后天养成？其实，胡庆文自小成绩并不理想，很多东西记了会很快忘掉，高考成绩也不出色，刚进入大学还曾成为“垫底生”，甚至在第一学期的考试中，有两门功课“亮红灯”。这样的人是怎样成为记忆超人的呢？

胡庆文在一次看电视时，偶然看到了记忆法，便对记忆法产生了兴趣，于是不断地翻阅书籍，慢慢开始了解有关记忆的知识。2010 年 5 月，胡庆文开始跟随世界记忆大师袁文魁一起学习记忆法，之后便努力开发自己的潜能，有意识地训练记忆。2010 年 12 月，胡庆文开始进行记忆的高强度训练，每天早晨七八点开始到晚上九点结束，一旦开始练习就要好几个小时，其间还要杜绝所有可能分心的事情，不能上网，不能运动，不能打电话，和外界基本没有联系。尽管没日没夜地训练，两个月后，一切都变得枯燥，胡庆文的记忆训练遭遇了“瓶颈”，但最终他还是坚持下来了。

一段时间后，胡庆文能将《道德经》倒背如流，在两天内记住 1000 个大学英语四级单词。大二时在酒店实习，他将满满 5 页菜单倒背如流，惊诧众人。正是这种超级记忆能力，帮助他顺利通过了英语四级考试，让他从“学渣”华丽转变为“学霸”。在 2011 年世界脑力锦标赛上，胡庆文被评为“世界记忆大师”，向全世界叫板：普通人也可以不普通！

通过这个故事，你想到了什么？是否还在怀疑自己的记忆力不好？其实，只要你掌握一定的记忆方法，勤于练习，一样可以拥有神奇的记忆力。

(资料来源：http://www.hb.chinanews.com/news/2015/0116/201055.html，有删改)

活动拓展

活动主题：想象记忆法训练

【活动目标】

让学生了解想象力与记忆力的关系，体验运用丰富的想象力进行记忆的方法。

【活动准备】

纸、笔、多媒体。

【活动过程】

1. 导入

我们在日常生活中遇到的普通事物常常很容易被遗忘掉，但遇到的一些有特点的事物却很容易被记住，这是为什么呢？

对于一个事物，如果我们用超乎寻常的想象来帮助记忆，往往更容易记住，这就是说一个人的想象力与记忆力之间有很大的关联性。如果你的想象力十分活跃，你的记忆力也会很不错，良好的记忆力往往离不开强大的想象力。那么，你会运用想象力来帮助你进行记忆吗？我们该如何发挥想象力的作用？

2. 看一看它是什么

图3-2是一个圆，请你看看这个圆，它还可以是什么？答案越多越好，并把你想到的都写下来，看看你能想到多少？

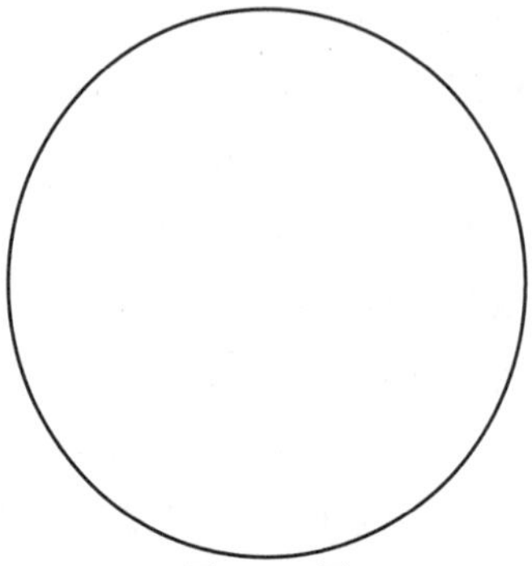

图3-2 圆

每一个事物都可以是想象力训练的原型，也可以随意找一个事物让自己想象，不断地让自己进行自我联想。要发挥想象力的作用，首先要敢于对事物进行大胆的想象。

3. 想象力训练

请你用三分钟时间，记住下面的20个词语。

沙发 花朵 阳光 毛衣 蝴蝶 微风 波浪 小草 白猫 毛线

大海 小路 兔子 小鸟 大树 蜜蜂 森林 沙滩 花园 房间

教师提问：你是如何记忆这些词语的？

4. 想象力训练促进记忆的诀窍

通过想象力促进记忆就是运用想象把有关信息关联起来，也可以称为联想法。上面的20个词语就可以用联想法简单地进行记忆。

联想步骤：

(1) 把这20个词语归为四大类：房间里的事物、花园里的动植物、森林里的情景、与大海有关的场景。

房间里的事物：沙发、毛衣、白猫、毛线；

花园里的动植物：小草、花朵、蜜蜂、蝴蝶；

森林里的情景：小路、小鸟、大树、兔子；

与大海有关的场景：波浪、沙滩、微风、阳光。

(2) 采用联想法来进行记忆，往往只需要联想一遍，就会牢牢地记住。

四组词语可以这样想象："我坐在房间里的沙发上织毛衣，有一只白猫在旁边拨弄着毛线。后来我就睡着了，还做了一个梦。梦中我来到一个花园，花园里布满了小草和花朵，蜜蜂、蝴蝶在花丛中飞舞。走着走着，我看见了一片森林，有一条小路从森林里穿过，小鸟在大树上叽叽喳喳叫，兔子在丛林里蹦蹦跳。穿过森林是一片大海，远远地就听见波浪的声音，走在沙滩上，微风吹拂，阳光照耀，真是一种美好的感觉。”

想象不是一成不变的，这段文字只是对这 20 个词语的一种想象，你也可以思考一下，或许能有其他更好、更适合你的联想。

联想法的想象原则：

- 想象必须具体、鲜明、生动，便于以图像形象记忆；
- 想象应尽可能的夸张、荒诞，以利于加强记忆；
- 想象应尽可能地直接把两个事物关联在一起，而避免出现过多无关的内容。

【小组分享】

运用想象的方法记忆词语给你带来的感受是什么？这 20 个词语还可以有其他想象的方式吗？

第四节　和时间赛跑

心灵故事

一个农夫早上起来，对妻子说要去耕地了。当他走到要耕的那片地时，发现耕地的机器需要加油了，农夫就准备去加油。想到机器加油，他就想起家里的几头猪早上还没喂。机器没油只是不工作，猪没喂，可是要饿瘦的，农夫决定先回家喂猪。当他经过仓库的时候，看到几个土豆，一下子想到自家地里的土豆可能要发芽了，应该去看看，就朝土豆地走去。半路经过了木柴堆，想起妻子提醒了几次，家里的木柴要用完了，需要抱一些木柴回去。当他刚走近木柴堆，发现有只鸡趴在地上，他认出来是自己家的鸡，原来是鸡的脚受伤了……就这样，农夫一大早就出门了，直到太阳落山才回来，忙了一天，晕头转向，结果呢？农夫忙了一天，却什么也没干成。

农夫的时间是如何管理的？我们是否也有过像农夫一样的经历？

典型案例

我该如何安排时间

小嘉是高二学生，今天是星期一，他一起床就想到了四件事：①下午进行语文月考；②收到信息说初中同学周末聚会；③要制订下周的采购计划；④好友小强约他今天早上去跑步。他觉得自己以前经常把时间都花在了那些不太重要的事情上，今天这些事哪些先做，哪些后做或者不做呢？他很困惑，不知如何安排才好。

【想一想】

在学习和生活中，我们会发现有的事情很紧急，有的事情又很重要，如何分配时间就显得特别重要了。那么，你认为小嘉该如何安排时间，高效地处理好这些事情呢？

测一测

你是珍惜时间的人吗

以下 20 道测试题目可以帮助你了解自己是否有紧迫感，是否是一个珍惜时间的人。请对每道题目做出“是”或“否”的回答。

(1) 你赴约很准时吗？

(2) 你经常因睡懒觉而错过一些事情吗？

(3) 你经常将安排好的事情拖到下一次或改天再做吗？

(4) 你给自己订的计划向来都能准时完成吗？

(5) 你的时间观念很强吗？

(6) 你上学从来没有迟到过吗？

(7) 当你正忙着手头的事务时，有人叫你出去玩，你会去吗？

(8) 你常会拖延交作业吗？

(9) 你经常记错日子吗？

(10) 一些事情可以提前也可以延后，影响并不算很大，这种说法你同意吗？

(11) 如果明天有紧要事务要办，你今晚还会玩游戏熬到凌晨吗？

(12) 如果有一堆衣服要洗，你会一次性将它们洗完吗？

(13) 你经常无目的地逛商场，而且一逛就是两个小时以上吗？

(14) 乘车外出时，你经常看书、看报、玩手机打发时间吗？

(15) 你欣赏欧阳修读书的“三上”(马上、枕上、厕上)时间观吗？

(16) 即使事情非常重要，你也宁愿冒着迟到的风险，少花钱而乘慢车吗？

(17) 如果你现在做的是一件不紧急的事情，你宁愿少休息而尽早完成吗？

(18) 每天早晨起床后，你都能很快地给自己做发型吗？

(19) 你不喜欢甚至讨厌办事拖沓的人吗？

(20) 这套题目你在 10 分钟内做完了吗？

【测试说明】

对照以上题目检视自己，第(1)(4)(5)(6)(12)(14)(15)(17)(18)(19)(20)题回答“是”计 1 分；第(2)(3)(7)(8)(9)(10)(11)(13)(16)题回答“否”计 1 分。

得分在 10 分以上：说明你是一位很珍惜时间的人，办事不拖沓，喜欢尽早完成工作，努力去做，相信你要达成你的目标不是一件很难的事。

得分在 10 分及以下：说明你做事有点慢，时间观念不是很强，应注意一下，你要有意识地加强时间观念，改掉自己不好的习惯。

知识导读

时间管理

时间管理就是用技巧、技术和工具帮助人们完成工作、实现目标。时间管理并不是要把所有事情做完，而是更有效地运用时间。时间管理的目的除了决定应该做什么事情之外，另一个很重要的目的就是决定什么事情不应该做。时间管理不是完全掌控时间，而是降低变动性。时间管理最重要的功能是通过事先的规划，对自己进行提醒与指引。

时间的四项独特性

(1) 供给毫无弹性。时间的供给量是固定不变的，在任何情况下不会增加，也不会减少，不论性别、职位、贫富，我们度过的每一年都有 365 天，每天都有 24 小时，无法开源。

(2) 无法蓄积。孔子说：“逝者如斯夫，不舍昼夜。”时间不能像人力、财力、物力和技术那样被积蓄或储藏。不论愿不愿意，我们都必须消费时间，无法节流。

(3) 无法取代。任何一项活动都有赖于时间的堆砌，也就是说，时间是任何活动所不可缺少的基本资源。因此，时间是无法取代的。

(4) 无法失而复得。陶渊明说：“盛年不重来，一日难再晨。”曾国藩也说：“天可补，海可填，南山可移。日月既往，不可复追。”时间一旦丧失，则会永远丧失，任何人都无法失而复得。

策略训练

如何才能利用好时间，获得成功？

策略一：明确的目标

美国潜能大师博恩·崔西说：“成功就等于目标，其他的一切都是这句话的注解。”因此，每个人都需要明确的目标。明确的目标应具有 5 大特性：明确性、可衡量性、可实现性、相关性和时限性。明确性是指要用具体的语言清楚地说明要达成的行为标准。可衡量性是指目标应该是明确的，而不是模糊的。如果制定的目标没有办法衡量，就无法判断这个目标是否实现。可实现性是指目标通过努力可以实现，也就是目标不能偏低和偏高，偏低了无意义，偏高了实现不了。相关性是指实现此目标与其他目标的关联情况。如果实现了这个目标，但与其他的目标完全不相关，或者相关度很低，那么这个目标即使被实现了，意义也不是很大。时限性是指目标应有时间限制。

策略二：分清工作的轻重缓急

时间四象限法是美国管理学家科维提出的一个时间管理的理论，把工作按照重要和紧急程度分别进行划分，基本上可以分为四个象限，如图 3-3 所示。

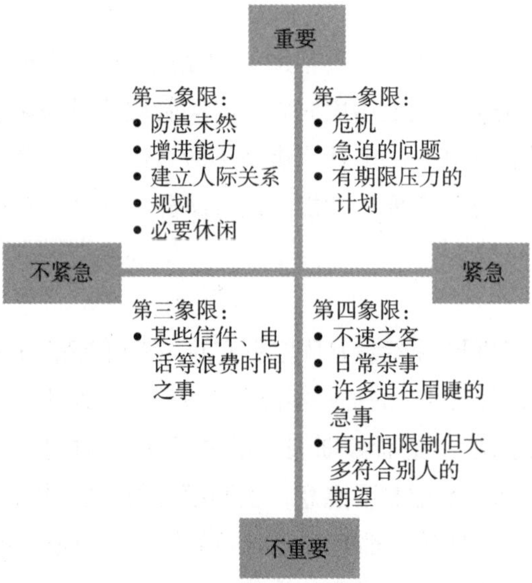

图 3-3 时间四象限法

(1) 第一象限是重要又紧急的事，例如按时上课、完成作业。

(2) 第二象限是重要但不紧急的事，主要是与生活品质有关的事情，包括长期的规划、问题的发掘与预防、参加培训、向老师提出问题处理的建议等。

(3) 第三象限是紧急但不重要的事，比如老师突然叫你去办公室谈心。

(4) 第四象限是不紧急也不重要的事，简而言之，做这些事就是浪费生命，所以根本不值得花半点时间在这个象限。例如阅读令人上瘾的无聊小说、上课聊天等。

策略三：4D 原则

4D 原则包括：丢掉(don’t do it)，即把一些与目标无关的事丢掉不管；拖一拖(delay it)，即把偏离目标的次要工作、信息资料不完全的工作等暂时放在一边；委派出去(delegate it)，即学会授权，能委派出去的事尽量交给他人完成；自己做(do it now)，即不要犹豫马上去做。

策略四：合理分配时间

"二八法则"是 19 世纪末 20 世纪初意大利经济学家帕累托发明的。他认为，在任何一组事物中，最重要的只占其中一小部分，约 20%，其余 80%尽管是多数，却是次要的。"二八法则"给我们的一个重要启示便是：避免将时间花在琐碎的多数问题上，因为就算你花了 80%的时间，也只能取得 20%的成效。所以，应该将时间花在重要的少数问题上，因为对于这些重要的少数问题，只需要花 20%的时间，即可取得 80%的成效。

反观自我

问一问

(1) 我每天的时间是怎样安排的？

(2) 哪些事情无法按原定的计划进行？原因是什么？

(3) 我应该怎样合理安排时间？

想一想

阅读下面的小故事，说说你受到了什么启发。

鹅卵石的故事

一次有关时间管理的课上，老师在桌子上放了一个罐子，然后又从桌子下面拿出一些正好可以从罐口放进罐子里的鹅卵石。当老师把鹅卵石放完后问大家："你们说罐子现在是不是满的？"

"是。"所有的同学异口同声地回答。

"真的吗？"老师笑着问，然后从桌子下面拿出一袋小碎石，把它们倒进罐子，摇一摇，再加一些，再问学生："你们说，罐子现在是不是满的？"这回同学们不敢回答得太快，最后有位同学怯生生地细声回答道："也许没满。"

"很好！"老师说完后，又从桌下拿出一袋沙子，慢慢地倒进罐子里。倒完后，又问大家："现在你们再告诉我，这个罐子是满的呢？还是没满？"

"没有满。"全班同学都很有信心地回答说。

"好极了！"老师再一次称赞这些学生们。然后，老师从桌子下面拿出一大瓶水，把水倒进看起来已经被鹅卵石、小碎石、沙子填满了的罐子里。当这些事都做完之后，老师正色地问同学们："我们从上面这些事情得到了什么重要的启示呢？"

班上一阵沉默，然后，一位同学回答说："无论我们的学习多忙，事情排得多满，如果能挤一下时间的话，还是可以多做些事的。”老师听到这样的回答后，点了点头，微笑道：“答案不错，但并不是我要告诉你们的重要信息。”说到这里，这位老师故意顿住，向全班同学扫视了一遍说：“我想告诉各位的最重要的信息是，如果你不先将大的鹅卵石放进罐子里去，也许以后永远没机会把它们再放进去了。”

(资料来源：https://wenku.baidu.com/view/490e204be518964bcf847cf7.html)

活动拓展

活动主题：“撕撕”我们的人生

【活动目标】

通过这个活动让学生检视个人的时间管理状况，体验光阴似箭和不可逆转，树立爱惜时间、合理利用时间的意识。

【活动准备】

纸(印有图3-4所示内容)、笔(彩色)。

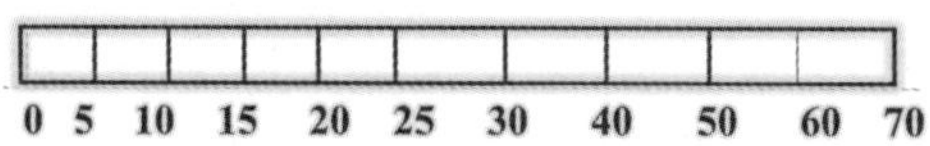

图3-4 活动拓展用纸

【活动过程】

(1) 请学生想象自己可以活多少年，将之后的岁月撕去。

(2) 请学生将过去的人生撕下来，让学生仔细看这一段人生，然后将它握在胸前，请大家为自己这段逝去的岁月举行一个仪式。

(3) 请学生将自己想退休的日子撕掉，放在桌上。

(4) 请学生将自己睡觉的时间撕掉(三分之一)。

(5) 请学生将自己吃饭、休闲的时间撕掉(三分之一)。

(6) 请学生左手拿剩下的三分之一，右手拿三分之二及退休的时间，提醒学生，虽然未来我们还有几十年，但真正能够被我们用于创造财富的时间只有几十年的三分之一。

【小组分享】

每个人在心里捕捉自己的感受，给你感触最深的是哪个环节？为什么？

【注意事项】

活动过程中请不要随意说话，只按要求一步步完成。仔细体验活动过程中每一个环节给自己带来的感受，参与有多深，领悟就有多深。

第四章　创新创造

第一节　打造最强大脑

心灵故事

江苏卫视《最强大脑》节目自 2014 年热播以来，“中国队长”王峰、“迷宫行者”鲍云、“数字怪才”林建东、“鬼才之眼”王昱珩家喻户晓。他们每个人都在自己擅长的领域做到了极致，且都在自己的技能领域中取得了非凡的成就。

“你想拥有最强大脑吗？”相信大多数人都会做出肯定的回答。《最强大脑》中拥有惊人记忆力的选手让人感到敬佩，他们过目不忘的本领堪比哆啦 A 梦的记忆面包。其实，过目不忘的本领并不一定是天生的，通过后天培养也可以拥有。所以本节的话题是：如何打造最强大脑。

典型案例

我很努力，但成绩却不如意，我该怎么办

小青是一名高一学生，学习踏实勤奋，初中成绩还比较不错。进入高中后，她为自己制订了学习计划，把每天的时间安排得满满的，有问题及时问老师。她相信，努力就会有回报。眼看着离期末考试不足 2 个月了，小青却陷入了焦虑之中：一是因为自己如此努力，在几次月考中的成绩却没什么进步；二是自己花在学习上的时间比其他同学长，但是考试成绩却比别人差；三是感觉每次考试的内容都有一部分自己没复习到，而自己认真复习的内容却没考到。于是，她开始怀疑自己的学习方法和学习能力，感叹为什么努力学习了，却没获得相应的回报呢？

【想一想】

我们身边往往存在这样的现象：自己投入的学习时间和别人差不多，甚至投入的时间更长，可到头来却发现自己的考试成绩没有对方好。面对这样的结果，你会情不自禁地怀疑自己的智商，觉得自己比别人笨，父母没有给自己一颗聪明的头脑，天赋太差。不容置疑，每个人的天赋都有一定的差异，但研究数据显示，绝大多数学生的智商都在标准范围之内，那么到底是什么原因造成不同的学习结果呢？你找到适合自己的高效学习方法了吗？

测一测

左右脑调查表

(1) 遇到困难的时候，你通常会(　　)。

A. 凭直觉走下一步　　B. 认真分析形势及解决方案，三思而行

(2) 有两个旅游方案，你更偏好(　　)。

A. 冒险、富有挑战的路线　　B. 选择不太冒险的路线

(3) 在音乐方面，你(　　)。

A. 自小就乐感很好　　B. 不是很喜欢音乐

(4) 在理财方面，你(　　)。

A. 经常有“钱都花在哪儿了”的感叹　　B. 能大概了解自己的日常花销

(5) 与陌生人初次会面时，(　　)。

A. 对方的穿着更让你在意　　B. 对方的谈吐更让你在意

(6) 当你在思考的时候，(　　)。

A. 脑海中出现的大多是图形、图片　　B. 脑海中出现的大多是一个个语句

(7) 在时间管理方面，(　　)。

A. 你经常为拖延症感到焦虑和懊恼　　B. 你做事井井有条，时间分配得当

(8) 下列任务中，(　　)更让你感到头痛和束手无策。

A. 去郊外完成一幅写生　　B. 做一份数据分析报告

(9) 看电影的时候，你(　　)经常感动到流泪。

A. 会　　B. 不会

(10) 你觉得(　　)更符合你的特征。

A. 灵活、有创意　　、　　B. 沉稳、靠谱

(11) 更符合你的实际情况的选项是(　　)。

A. 先处理简单的事情，后处理重要的事情

B. 先处理重要的事情，后处理简单的事情

【测试说明】

认真、迅速地完成以上题目。

选项 A 多表明具有右脑优势，右脑主要从事形象思维，是创造力的源泉。具有右脑优势的人感性，擅长直觉、想象，在美术、音乐等艺术领域有很高的悟性；图像记忆能力强，爱做白日梦，动作协调、行动敏捷。如果你是右脑优势者，那么创作、艺术、开放的环境更能发掘你的潜力。

选项 B 多表明具有左脑优势，左脑主要从事逻辑思维，负责语言、判断、分析、推理等。具有左脑优势的人理性，说服能力强，对阅读、推理的活动更感兴趣。如果你是左脑优势者，可能是出色的会计师或规划者。

世界上大部分人都是左脑优势者，如果能开发右脑的潜力，就会在创造力方面有较大突破。

(资料来源：http://www.360doc.com/content/19/0418/20/44130189_829731063.shtml)

知识导读

左右脑的分工

美国心理生物学家斯佩里博士通过著名的割裂脑实验证实了大脑不对称性的左右脑分工理论。正常人的大脑有两个半球，由胼胝体连接沟通，构成一个完整的统一体。两半球在机能上有分工，左半球感受并控制右边的身体，右半球感受并控制左边的身体。从 1961 年开始，斯佩里把“裂脑人”作为研究大脑两半球各种机能的研究对象，实验结果表明：左半脑主要负责逻辑、语言、数学、文字、推理、分析、理解、记忆、时间、判断、排列、分类、书写、抑制、五感(视、听、嗅、触、味觉)等，思维方式具有连续性、延续性和分析性，因此左脑可以称作意识脑、学术脑、语言脑。右半脑主要负责图画、音乐、韵律、情感、想象、创造、空间形象记忆、直觉、身体协调、视知觉、美术、音乐节奏、灵感、顿悟等，思维方式具有无序性、跳跃性、直觉性等，如图 4-1 所示。斯佩里认为，右脑具有图像化机能，如企划力、创造力、想象力，右脑像万能博士，善于找出多种解决问题的办法，许多高级思维功能取决于右脑。把右脑潜力充分挖掘出来，才能表现出人类无穷的创造才能，所以右脑可以称作本能脑、潜意识脑、创造脑、音乐脑、艺术脑。

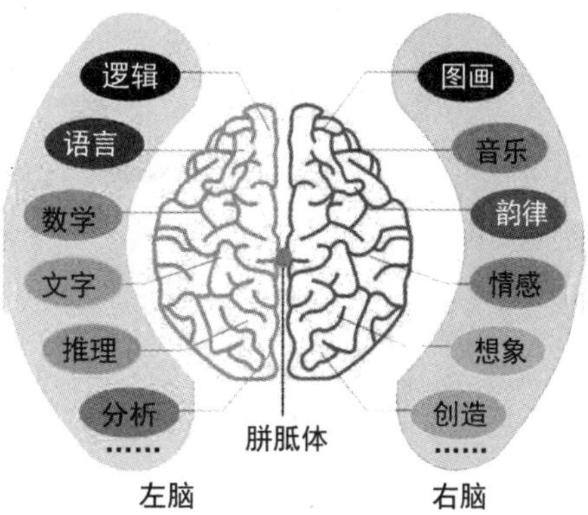

图 4-1　人类左右大脑分工

科学研究证实，右脑的信息处理速度和储存能力是左脑的 100 万倍，右脑是低耗高效工作区，不需要很多能量就可以高速计算复杂的数学题，可以进行高速记忆、高质量记忆，具有过目不忘的本领，人的大量情绪行为也被右脑所控制。右脑开发可以充分发挥右脑的优势，更好地将左右脑结合起来，进行人类左右脑的第二次协同，充分调动人脑的潜能。

思维导图的由来

思维导图又叫心智图，是一种简单、有效的思维工具，可以图文并茂地把各级主题的关系用相互隶属与相关的层级的形式表现出来，将主题关键词与图像、颜色等建立记忆链接，充分运用左右脑的机能，利用记忆、阅读、思维的规律，协助人们在科学与艺术、逻辑与想象之间平衡发展，从而发掘人类大脑的无限潜能。思维导图是发散性思维的表达，通过一种独特、有效的方法——词汇、图形、数字、逻辑、节奏、色彩和空间感，驾驭包括左脑和右脑的整个大脑是一种较流行的全脑式学习方法。图 4-2 所示是一幅经典的、以水果为主题的思维导图，从中可以直观地看到画图者思维的发散程度。

图 4-2 水果思维导图

思维导图应用广泛，在文章写作、读书笔记、课程学习、项目管理、问题分析、会议记录、活动策划等各方面都可以发挥很重要的作用。思维导图对记忆和学习可产生巨大的作用，具体如下。

(1) 只记忆相关的词，可节省时间 50%～95%。

(2) 只读相关的词，可节省时间 90%以上。

(3) 复习思维导图笔记，可节省时间超过 90%。

(4) 不必在不需要的词汇中寻找关键词，可节省时间 90%。

(5) 集中精力于真正的问题。

(6) 重要的关键词更为显眼。

(7) 列出全部关键词，可将关键词灵活组合，改善创造力和记忆力。

(8) 易于在关键词之间产生清晰、合适的联想。

(9) 做思维导图时，人处在不断有新发现和新关系的边缘，思考在不断、无尽地进行。

(10) 大脑不断地使用其皮层，越来越清醒，越来越愿意接受新事物。

策略训练

绘制思维导图前，需要准备白纸、两种以上颜色的笔等工具。

策略一：绘制中央思维导图

最大的主题要以图画的形式体现在整张纸的中心，这就是中央思维导图。绘制中央思维导图的注意事项：中央思维导图的视觉效果应强烈，色彩鲜艳，图像可稍为夸张，如图 4-3 所示。

策略二：绘制分支思维导图并添加关键词

多用几种颜色，从主题发散出 N 个大的分支，每个分支尽量用不同颜色的笔绘制，如图 4-4 所示。分支最好自然散布，不要太呆板；分支长度略大于关键词的长度；用代码表示关键词，不但可以强化每一个关键词的记忆，同时也可以突出关键词要表达的意思，而且还可以节省大量的记录空间，所以尽量用代码表示关键词。

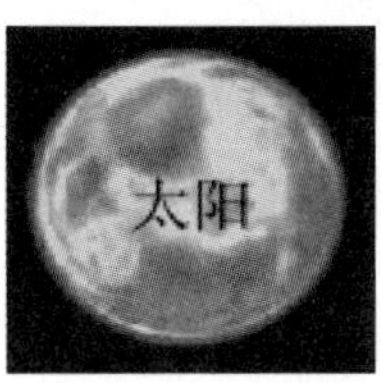

图 4-3 “太阳”中央思维导图

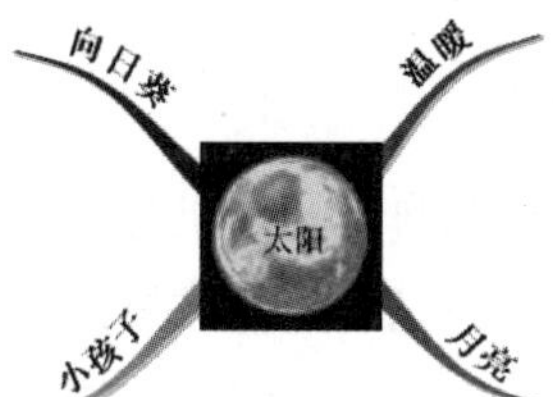

图 4-4 “太阳”分支思维导图

注意事项：思维导图记录的都是关键词，它们代表信息的重点内容。不少人刚开始绘制思维导图时，会把关键词写在线条的下面，这样是不对的，一定要写在线条的上面；思维导图中，关键词是最重要的一部分，如果关键词选择不正确，思维导图所要表达的信息就不准确了。要想学会全面、总体地分析信息，需要学会观察哪一部分信息是关键内容，并提炼它们的关键点，也就是关键词。

策略三：关键词旁画图，完成思维导图

为了更好地完善思维导图，使其整体上看起来美观、整洁，可以充分调动想象力，利用形象记忆，借助图片，提升整体效果，如图 4-5 所示。

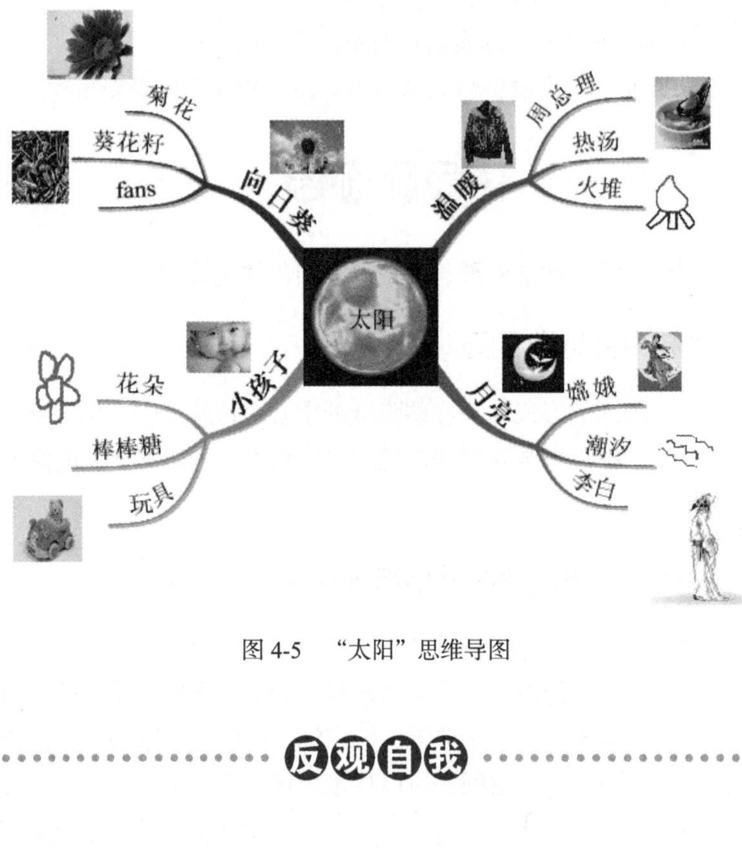

图 4-5 “太阳”思维导图

反观自我

问一问

(1) 能否与自己的同桌分享自己的成果？

(2) 看到自己的完整成果，感觉怎么样？

(3) 绘制过程中，我的脑袋运转怎么样？

(4) 以后记笔记时，我是否愿意尝试思维导图的做法？

想一想

阅读下面的小故事，说说你受到了什么启发。

思维导图带给我的改变

我是一名高二的学生，在别人眼里我是一个很努力但却成绩不好的乖乖女。在学习过程中，我总会花大量的时间去记笔记。有时候写的稍微不工整，就会把它撕掉，重新再写一遍，甚至连笔的颜色不同，我都无法容忍。我的笔记属于那种整整齐齐、漂漂亮亮的类型。可是，再好的笔记也没能改变我的学习成绩。我总是笨拙地"努力着"，非常死板。直到有一天，我遇见了思维导图。

绘制思维导图过程中对关键词的提取，大大加快了我的学习效率。我惊讶地发现自己不会再像以前那样，老是纠结于没能记下老师的话，反而把精力放在了听课上面。当我听懂了老师想要表达的意思之后，我就会根据自己的理解提炼出关键词，再记录下来。当老师讲完以后，笔记也就记完了，并且在这个过程中，我加深了对内容的记忆。事后，我居然完全可以根据思维导图去讲述与回顾。这样记笔记的过程相当于经过自己大脑理解之后的输出，而不是把老师讲的话原封不动地拿过来。与此同时，图文并茂的记录让整个笔记活了，取代工工整整的纯文字笔记的是有颜色、有图形、有想象空间的结构化笔记。面对结构清晰、条理清楚、有想象空间的笔记，我总是开心地愿意多看几眼。

思维导图，不仅打破了我对记笔记的传统想法，也让我对自己更加有了信心。

(资料来源：http://techblog.youdao.com/?p=769，有删改)

活动拓展

活动主题：《北大荒的秋天》思维导图训练

【活动目标】

阅读文章《北大荒的秋天》，让大家从思维导图的视角找出文章的关键词，进而绘制《北大荒的秋天》思维导图，加深对文章的理解和记忆。

【活动准备】

纸、彩笔。

【活动过程】

阅读文章并绘制思维导图。

北大荒的秋天

九月，从第一片树叶落地开始，北大荒的秋天也就来了。

天空一碧如洗，只有在傍晚，西边的天上才会有几缕流云。这些流云在落日的映照下，转眼间变成一道银灰、一道橘黄、一道血红、一道绛紫，就像是美丽的仙女在空中抖动着五彩斑斓的锦缎。

小河清澈见底，如同一条透明的蓝绸子，静静地躺在大地的怀抱里。一群小鱼顶着水游过来，明镜一样的水面顿时漾起了一道道波纹。

原野热闹非凡。成片的大豆摇动着豆荚，发出了哗啦啦的笑声；挺拔的高粱扬起黑红黑红的脸庞，像是在乐呵呵地演唱。山坡上，大路边，村子口，榛树叶子全都红了，红得像一团团火，把人们的心也给燃烧起来了。

生活在这里的人，喜欢用“大豆摇铃千里金”来赞美遍地金黄的九月。这里的田野、山岭、江河，连同那茫茫的草甸子，都会在这个季节里用双手捧出沉甸甸的宝物来。

啊，北大荒的秋天真美呀!

【小组分享】

每位同学分享提炼关键词、绘制思维导图的心得。

【注意事项】

(1) 每位同学注意时间控制。

(2) 教师选出优秀思维导图进行分享。

第二节　不做“低头族”

心灵故事

网上流传这样一句话：“世界上最遥远的距离，不是生与死，而是我们坐在一起，你却在玩手机。”这的确是我们目前现实生活的一个写照。举目四顾，地铁里、商场里、聚会时……生活的每一个缝隙都被手机填得满满的，人们给这些对手机如此“专情”的人送了一个雅号——“低头族”。作为一名“合格的低头族”，只要一有时间，就会聊微信、打游戏、看电影或小说、玩自拍。当这些行为形成了一种可怕的习惯后，你会发现自己早晨睁开眼第一件事就是看手机，晚上睡之前最后一件事还是看手机，似乎离了手机就与世隔绝一般。那么，作为“低头族”，可能会失去什么呢？是珍贵的亲情？是纯洁的友情？还是美好的人生前程？今天，我们讨论的话题就是：不做“低头族”。

典型案例

手机游戏，我该如何摆脱

小旭的学习成绩在班上一直都是名列前茅，他是老师、同学眼中的“学霸”，内心总是充满了自信，清华、北大是他的目标。现在到了高三，学习任务越来越重，小旭晚上一回到宿舍就拿出手机玩会游戏，放松心情，缓解学习压力。可不知不觉中，小旭迷上了手机游戏，一到课间休息，他就偷偷地拿出手机打游戏，尤其到了晚上，总是玩到 12 点，导致白天上课时无精打采。随着最近两次月考失利，他开始陷入烦恼之中，他想摆脱手机游戏，却又无法控制自己，心里焦虑不已。

【想一想】

如今，智能手机的功能越来越多，刷微博、看微信、看电影、玩游戏等，使得手机用户们的生活越来越丰富多彩。面对繁重的课业负担，你是否认为刷微博、看微信、看电影、玩游戏就能真正地缓解压力、放松心情呢？当你不能玩手机的时候，你的压力和烦恼又该如何来调节呢？

测一测

你是“低头族”吗

(1) 没带手机出门就非常没有安全感，失魂落魄，心里空落落的，老是想着必须回去拿手机。

(2) 等公交车、地铁、电梯的时候，总是用手机刷微博、看微信、打游戏、看电子书、看视频、听音乐。

(3) 不管是在家吃饭还是和朋友聚餐，哪怕再饿，饭菜上桌首先掏出手机来拍照，拍完还要发朋友圈与朋友分享。

(4) 朋友聚会已经没有办法全程面对面进行沟通，说不了三句话，就习惯性地掏出手机来看两眼，即便朋友坐在对面，也要在微博、微信、朋友圈里交流。

(5) 习惯带着手机蹲厕所，如果卫生间没地方放手机，就装个搁板、摆个板凳用来放手机。

(6) 每晚睡觉前，不拿着手机玩个半小时，总感觉睡不踏实。每天早晨睁眼第一件就是拿起手机刷微博、看微信。

【测试说明】

对照以上症状检视自己，只要满足三条，基本上就可以确定你是一个“低头族”。符合的条数越多，则“低头”程度越严重，表明你受手机控制的程度就越深。

知识导读

沉溺于手机带来的伤害

“低头族”正成为现代社会的一个流行词，是指那些在走路、乘坐交通工具或吃饭时，几乎都在低头玩手机的人。那么，沉溺于手机会给我们带来什么样的伤害呢？

(1) 上课时间偷玩手机，无法专心学习。有的同学沉迷于手机游戏或聊天工具，自控力极差，上课也在偷偷玩手机，时不时地刷微博、玩游戏、看微信。在这种情况下，自然很难集中注意力听讲。再加上高中阶段的课程有相当高的系统性和连贯性，一旦某一阶段的知识没有掌握，后面的知识就会变得难以理解，后期需要付出更多的努力才能补上。所以，在课堂上玩手机会严重影响学习。

(2) 休息时间玩手机，影响正常休息。有研究表明，长期使用手机会产生一种依赖心理，即使没有需要的时候，也会不自觉地拿出手机漫无目的地浏览。很多同学习惯了在课外、午休、晚上休息的时间玩手机，有的同学甚至会通宵使用手机聊天或游戏，白天课堂上昏昏欲睡，久而久之，睡眠质量严重下降，导致神经衰弱。

(3) 接触一些负面信息，影响心理健康。网络上的信息质量参差不齐，而高中生的是非分辨能力尚未成熟，一些不健康的、偏激的信息往往以迎合年轻人口味的形式出现，影响高中生的价值观，危害身心健康成长。此外，还有同学通过手机网恋，个别同学受不健康内容的影响，甚至因此走上了犯罪的道路。

(4) 影响人与人之间的沟通。有时候朋友一起聚会，每个人都在不停地玩微信、发语音、自拍、刷屏；放学回到家里也是如此，沉溺于手机，不太愿意和父母交流。

(5) 危害身体健康。长期使用手机也会给身体健康带来诸多不良影响。长期低头看手机，会导致视力下降，尤其是经常在睡觉时间玩手机，对视力的伤害更为严重。因为在黑暗的环境里使用手机，手机强光直射眼睛 30 分钟以上，极易造成眼睛黄斑部位病变，导致视力急剧下降，甚至可能导致不可逆转的黄斑病。长期佩戴耳机还会导致听力下降。有的同学晚上睡觉时经常将手机放在枕边，大脑长期接受手机信号辐射导致耳鸣、头痛等。有的同学经常使用手机而导致颈椎和腰椎产生变形。研究发现，在低头时，脖子承受的压力是平常的三倍，而脖子的肌肉是垂直生长的，久而久之会长出双下巴，而且还会损伤颈椎。此外，长时间过度使用触屏手机会导致手指、手腕关节疼痛无力，手指不灵活，形成所谓的“触屏手”。

(6) 人身安全隐患。有些同学在回家路上玩手机，不注意路上的行人和车辆，容易造成交通事故，影响人身安全。2013 年 11 月 10 日晚，湖北十堰一位 17 岁的女生与同伴外出聚餐时，一边走路一边玩手机，一脚踩空，跌入十几米的深坑不幸身亡。

策略训练

策略一：正确认识智能手机，让手机回归“工具”的角色

我们要时刻认识到，智能手机是一把“双刃剑”，它虽然改变了传统的沟通方式，为我们提供了丰富的信息资源，但也给人们提供了一个充满诱惑的环境。我们要把它当作一个工具，去正确地使用它，而不是被它控制。网络社会不是真实的社会，在网上体验到的成就感是短暂的，并非真实的成功。我们应该认清网络带来的并非全是鲜花与美酒，也有陷阱与恶果。

策略二：学会自律与自我管理

手机让我们体验到了自由，与现实社会的约束形成巨大的反差。沉迷于网络往往是对现实的逃避与退缩，并不能真正地解决我们面临的现实问题，只会让我们迷失自我，变得越来越空虚。在缺乏约束的网络世界中，自律与自我管理显得尤为重要。我们要合理安排自己的日常生活，保持正常的学习和生活规律，尽量远离手机，合理地控制使用手机的时间。比如，规定每天上网时间不超过一个小时，在学习的时候手机保持关机状态，只下载必要的 App，关闭消息推送，就餐时坚决不用手机，不用手机设置闹钟，睡觉前至少提前一小时关闭手机，在早晨、夜间或周末的某个特定时间不使用手机，控制上网流量。

策略三：培养广泛的兴趣和爱好

培养广泛的兴趣和爱好，比如参加体育活动、朋友聚会、户外运动等，这样也可以大大减少自己接触手机的时间。

反观自我

问一问

(1) 我平均每月使用了多少上网流量？

(2) 我每天平均使用手机的时间有多长?

(3) 我使用手机的大部分时间花在哪些方面?

(4) 如果有可能，我是否愿意做出调整，怎样调整?

想一想

阅读下面的小故事，说说你受到了什么启发。

"低头族"，你错过了什么

好莱坞动画大片《机器人总动员》中，描述了公元 2700 年人们的生活：那时的人类文明高度发达，但由于过度依赖智能设备，都变成了四体不勤的大胖子，时时刻刻面对着一个支在他们眼前的电脑屏幕。除了和屏幕对话，他们不懂得如何与其他人交流，甚至离开屏幕几乎无法生存。他们就是传说中的"低头族"。

事实上，当下世界各地智能手机普及之处，公交车上、工作会议上、课堂上、餐桌上，甚至驾车时，总有很多"低头族"：他们低着头，手里拿着手机或平板电脑，手指在触摸屏上来回滑动，所有的注意力都集中在手中的方寸屏幕上，对身边的事情漠不关心。

首都师范大学心理咨询中心的一项调查显示：77%的人每天开机 12 小时以上，33%的人 24 小时开机，65%的人表示如果手机不在身边会有些焦虑，超过 90% 的人离不开手机。智能手机带来的负面作用已经开始显现了。

发表在《验光和视觉科学期刊》上的一篇文章指出，人们通过手机阅读文本信息或上网时，眼睛与手机的距离会比手里拿着一本书或一张报纸更近，这意味着，眼睛聚焦手机图文更费劲，更容易导致头痛和眼睛疲劳等问题。

长时间使用智能手机会导致眼部结膜血管充血，甚至出现刺痛、流泪、畏光等症状，还会引起失眠、听力下降、手指肌腱炎等健康问题。而长期低头看手机还会引起颈椎问题。

因专注于手机而引发的各类事故早已不是新闻。研究表明，走路玩手机导致人们左右观察来往车辆的概率减少 20%，遭遇交通事故的概率增加 43%。因专注于手机而导致的伤害事件近年来明显上升。

埋头于网络世界，不仅对身体造成了伤害，还对人们的精神产生了负面影响。有这么一个例子，张先生带着儿子、女儿去爷爷家吃晚饭，饭桌上，老人多次想和孙子、孙女说说话，但面前的孩子们却一个个拿着手机玩，老人受到冷落后，一怒之下摔了盘子离席。

手机引发的各种情感危机在社会的各个角落里一再重复上演，沉醉于手机的虚拟空间致使人与人之间的关系变得冷漠、隔阂。"世界上最远的距离不是天涯海角，而是我站在你面前，你却在玩手机。”这句网上广为流传的话，反映了人们对人际交往中手机这个工具的复杂心态。

手机虽是生活中不可或缺的一部分，但若不加节制地使用，必然会给生活带来麻烦，致使人际关系退化，甚至引发情感危机。有人说，“低头族”所凸现的已不仅仅是一个简单的社会现象，而是我们应该如何处理科技与人类之间的关系的问题。

(资料来源：http://yuwen.chazidian.com)

活动拓展

活动主题：“我们不做低头族”倡议活动

【活动目标】

通过这个活动，让大家深刻认识到手机的危害，从自己做起，善用手机，摆脱对手机的依赖，营造良好学风，促进同学之间的沟通交流，体验美好生活。

【活动准备】

展板、微信平台、手机收纳袋、便利贴。

【活动过程】

(1) 做展板：写明沉溺于手机对自身的危害。

(2) 在微信朋友圈里宣传沉溺于手机对自身的危害，号召大家不再做“低头族”。

(3) 准备一个手机收纳袋，上课、晚自习时间由班长将手机收集起来，将写有姓名、学号的便利贴贴在手机上，指定专人统一保管，下课后及时发放。期间，手机都保持静音状态。

(4) 根据手机上交情况记录出勤，未交手机视为旷课。

【小组分享】

你是怎么看待手机对你的影响的？你会如何使用手机？写写你的心得。

【注意事项】

(1) 每人仅限领取自己的手机，不得代领，防止拿错。

(2) 课间休息时，同学们可以将手机取回及时查看消息，上课时再放回收纳袋。

(3) 如果发生同学带备用手机，只上交一部手机的事情，班干部和其他同学可予以劝告。

第三节 跨越思维的陷阱

心灵故事

一个国王问一群大臣："一个池塘里有几桶水？"大臣们几乎都从水的角度去思考，一筹莫展。而一个小男孩却从桶的角度去思考，得出这样的答案："如果桶和池塘一样大，那就只有一桶水；如果桶只有池塘的一半大，那就有两桶水；如果桶只有池塘的三分之一大，那么便有三桶水，以此类推……"他妙语惊人，令国王十分满意。

同样一个问题，为什么能难倒大臣，却难不住一个小男孩呢？因为小男孩解决问题时跳出了思维的陷阱。本节，我们来共同探讨如何跨越思维的陷阱。

典型案例

失之交臂的第一名

目前就读高二的李丽，学习一直都十分勤奋，成绩也是出类拔萃。但是，最近的一次物理学科竞赛，她却铩羽而归。原因是在解决一道实验操作的题目时，她最初考虑到四种情况，但当时她犹豫了一下，因为第四种情况平时从未考察过，而前三种是最为常规的情况。于是，她最后只写了三种常规情况。结果，就因为第四种情况没写，导致她错失了年级第一名，失去了参加复赛的好机会，她心中后悔不已。得知情况后，同学们都嘲笑她是"保守派"，这让她更加烦恼，责备自己为啥思维这么僵化呢？

【想一想】

相信在我们的身上都发生过类似令人后悔的事情，比如常常认为：这个问题按照惯例是这样做的；大家都这么说，所以我也没多想；"学霸"认为这个题目应该选 A，那我也跟着选 A 了……但是与此同时，我们又很羡慕那些思维敏捷、出奇制胜的同学。下面，我们就一起来找找原因吧！

测一测

你有掉进思维陷阱吗

以下几道题目可以测试你的思维反应情况，请以最快的速度答题。

(1) 哪两个连着的月是 31 天？

____

(2) 在荒无人迹的河边停着一条小船，这条小船只能容纳一个人。有两个人同时来到河边，两个人都乘这条船过了河。请问他们是怎么过河的？

____

(3) 篮子里有 4 个苹果，平均分给 4 个小孩。分到最后，篮子里还有一个苹果。请问他们是怎么分的？

____

(4) 给你 2 个“1”，能够组成的最大数字是多少？给你 3 个“1”，能够组成的最大数字是多少？给你 4 个“1”，能够组成的最大数字是多少？

____

【测试说明】

答案：

(1) 7 月、8 月和 12 月、次年 1 月。

(2) 两人分别在河的两岸，首先一个人渡过河来，然后另一个人再渡过河去。

(3) 4 个小孩一人一个，其中一个小孩将苹果放在篮子里拿走了。

(4) 11、111、11 的 11 次方。

对照以上答案，题目答对少于 3 个的，说明你经常掉进思维陷阱里。是不是感觉思维有点僵化，很多方面没有想到吧，所以看问题不要简单化、公式化！

知识导读

思维定式

思维定式也称惯性思维，是由先前的活动而造成的一种对活动的特殊的心理准备状态。先前形成的知识、经验、习惯都会使人们形成认知的固定倾向，从而影响后来的分析、判断，形成思维定式。多数情况下，人的思维总是摆脱不了某种束缚，从而对以后的感知、记忆、思维、情感等心理活动和行为活动起正向的或反向的推动作用。在环境不变的条件下，思维定式有助于人们应用已掌握的方法迅速解决问题。而在环境发生变化时，思维定式则会妨碍人们采用新的方法。消极的思维定式是束缚创造性思维的枷锁。

思维陷阱的具体表现

思维陷阱主要有以下三种类型。

(1) 权威陷阱：不少人习惯于引证权威的观点，不假思索地以权威的是非为是非，一旦发现与权威相违背的观点或理论，便想当然地认为其必错无疑。从托勒密的“地心说”到哥白尼的“日心说”，随着时间的推移，旧权威不断让位于新权威，今天的权威取代了昨天的权威，而明天的权威又将取代今天的权威，所以我们要敢于挑战权威。

著名的指挥家小泽征尔去欧洲参加世界指挥家大赛，决赛时他排在最后一位。他拿到评委发下来的乐谱后，稍做准备，就开始指挥乐队演奏。突然，他发现乐曲中出现了不和谐的因素。开始，他以为是乐队的演奏出了差错，就让乐队停下来重新进行，但还是感觉有不和谐的地方，这一次他认为乐谱有问题。但是，在场的作曲家和评委们都郑重声明，乐谱绝不会错，是他的感觉不对。

这些评委都是世界古典音乐的权威，既然他们众口一词地说乐谱没有错，小泽征尔不免对自己的判断产生了怀疑。但是，他考虑了一会儿，再次坚信自己的感觉是对的。最后，他对所有的评委大喊道：“不！肯定是乐谱错了！”这时，评委们全都站了起来，报以热烈的掌声。原来这是评委们故意设计的一道考题，以检验指挥者是否有质疑权威的胆量。

(2) 从众陷阱：从众陷阱就是别人怎样做，我也怎样做；别人怎样想，我也怎样想。思维上的从众使个体有一种归属感和安全感，能够消除孤单和恐惧等消极心理。

(3) 经验陷阱：人们发现问题、研究问题、解决问题往往都是通过原有的思维活动的路径进行思维的。为了避免进入经验陷阱，要有怀疑一切的精神，敢于进行批判性质疑，不依赖已有的方法和答案，不轻易认同别人的观点，通过独立思考和判断提出自己独特的见解，使思维更具挑战性。

人们认识未知、解决未知，都是以已知或已知的组合、变换为基础。要想提高思维能力，就要突破思维定式，更新原来的思维模式，优化、深化思维的品质。那么，如何跨越思维陷阱，更新思维模式呢？下面具体介绍。

策略训练

策略一：突破书本定式

有位拳师，熟读拳法，与人谈论拳术滔滔不绝，可他就是打不过自己的老婆。拳师的老婆是一位不知拳法为何物的家庭妇女，但每每相互切磋的时候，总能将拳师打得抱头鼠窜。有人问拳师："您的功夫都到哪儿去了？"拳师恨恨地说："她每次与我打架，总不按路数出招，害得我的拳法都派不上用场！"拳师精通拳术，战无不胜，可碰到不按套路出招的老婆时，却一筹莫展。

熟读拳法是好事，但拳法是死的，如果盲目运用书本知识，一切从书本出发，以书本为纲，脱离实际，那么这种由书本知识形成的思维定式反而使拳师遭到失败。

知识就是力量，但如果是死读书，只限于从教科书的观点和立场出发去观察问题，不仅不能给人以力量，反而会抹杀我们的创新能力。所以，学习知识的同时，应保持思维的灵活性，打破表象束缚，注重学习基本原理而不是死记一些规则，有助于找到解决问题的突破口。

活动：连点游戏。请你用 4 条首尾相连的直线把图 4-6 所示的 9 个点连起来，画的过程中不能提笔。

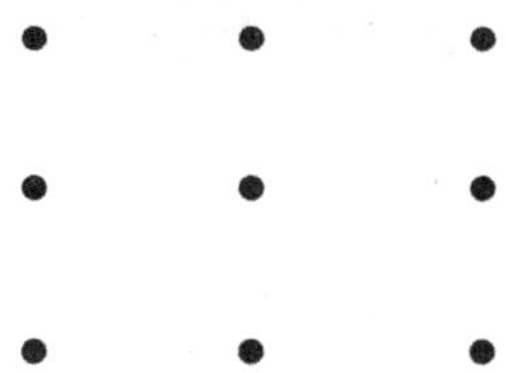

图 4-6　连点游戏

策略二：突破经验定式

怎样才能突破经验定式呢？要有"初生牛犊不怕虎"的精神。初生的牛犊之所以不怕虎，是因为不知老虎为何物，在它的认识中没有"老虎会吃人"的经验定式。因此见了老虎，敢于本能地用牛角去顶，而这时，有着"牛见了我会逃跑"思维定式的老虎，反倒不知所措，于是落荒而逃。

活动：只允许移动一个数字的位置(仅限一次)，使该等式成立。

$$101-102=1$$

你的方法是：____

策略三：突破方向定式

英国讽刺戏剧作家萧伯纳很瘦，一次他参加一个宴会，一位大腹便便的资本家挖苦他："萧伯纳先生，一见到您，我就知道世界上正在闹饥荒!"萧伯纳不仅不生气，反而笑着说："哦，先生，我一见到你，就知道闹饥荒的原因了。"

"司马光砸缸"的故事也说明了同样的道理。常规的救人方法是从水缸上将人拉出，即让人离开水。而司马光急中生智，用石砸缸，使水流出缸中，即让水离开人，这就是逆向思维。

逆向思想就是将自然现象、物理变化、化学变化进行反向思考，如此往往能出现创新。

活动：巧手打巧结。在你面前有一根绳子，请你用左右手分别抓住绳子的两端，把它们打一个结。注意，双手不能离开绳子，也不能将你的手捆在绳子里。

我的方案：____。

提示：思考时，最好把自己的双手交叉抱在胸前。

"绳子不动手动，绳子不转手转"，反其道而行，这就是双手不离开绳子成功打结的诀窍。这启发我们在解决一些问题的时候，要学会逆向思考。

反观自我

问一问

(1) 我曾经掉进思维陷阱吗?

(2) 我经常出现哪些思维定式?

(3) 面对思维的陷阱，我应该从哪些方面着手改进呢?

想一想

阅读下面的小故事，你受到了什么启发?

空杯心态

一位年轻人跟随一位著名禅师学禅，总找不到入门的路径。禅师端起茶壶，往年轻人面前的碗里倒茶。茶碗已经斟满，禅师还在不住地倒，年轻人终于忍不住，提醒说："师父，别倒了，茶杯已经装不下了。"

禅师这才住手，慢悠悠地说：“是啊，装不下了。你要学到禅的奥妙，就必须把头脑腾空，把充塞其中的幻想和杂念清除出去。”

年轻人闻听此言，当下大悟。

只有放下原有的思想，放空自己，不断突破思维定式、超越自我，人生才会更精彩。当你在遇到生活或学习中的思维陷阱时，你想如何跨越思维陷阱，突破思维定式呢？

(资料来源：http://www.51wendang.com/doc/d5774958ca1dc1908a602132/6)

活动拓展

活动主题：穿越一张纸

【活动目标】

通过这个活动，帮助学生打破常规思维方式，从多角度寻求解决问题的办法，体验问题解决带来的愉悦。

【活动准备】

A4 纸、剪刀。

【活动过程】

(1) 宣布游戏规则：以小组为单位，发给每位同学一张 A4 纸和一把剪刀。要求将纸张裁剪出环形式样，纸张不能拆分、黏接、打结或订起来，裁剪后要保持一个完整的环形，要求全组所有成员能够从裁剪后的环形中穿越过去，并且穿越后纸还能够还原。限时 10 分钟，要求每组同学充分发挥聪明才智，尽可能想出多种剪法。

(2) 小组讨论，让学生们尝试多种裁剪方法。

(3) 穿越环节：作品展示，并尝试让本组人从纸环中穿过去。

【小组分享】

你们组想到了多少种裁剪方法？是从哪些角度、方面想到这些方法的？在活动中，你们有什么感悟？

【注意事项】

(1) 刚开始时，教师可以给予适当的引导与鼓励。

(2) 在活动过程中，提醒学生安全使用剪刀。

第四节　发挥你的创造力

心灵故事

20 世纪，计算机的发明使字母打字机在西方社会得到广泛应用。而汉字因为字数多、笔画多，用计算机输入极为不便。

王永民发明了一种叫作五笔字型的输入法，冲破了国内汉字形码快速输入必须借助大键盘的思想束缚，首创 26 键标准键盘形码输入方案，开创了汉字输入能像字母输入一样方便的新纪元。

著名教育家陶行知先生曾说过："处处是创造之地，时时是创造之时，人人是创造之人。"发明家们的发明创造总是离不开我们的生活，正因如此，他们的贡献才能服务于大家，起到实际作用。其实，生活中处处需要智慧和想象力，也许你也有许多小点子、小创意，但是却没有真正去尝试过把它付诸现实，让我们发挥丰富的创造力，一起来让小创意变成大收获吧！

典型案例

我是不是不会学习了

高一学生小杰，各科成绩比较平均，都不突出，中考勉强过分数线，后来进入一所普通高中。上高中以来，小杰每天加夜班，几乎把课余时间都用于学习，可成绩却大幅下降，入学时在年级排 200 多名，期中考试就退到了 400 多名。看到其他同学轻轻松松地学习，他心里更不是滋味。以前他对学习很自信，可是现在对学习没有了兴趣，而且信心全无。小杰平时学习勤奋，课外请家教、上补习班，虽然花了很多精力夯实基础知识，可是考试时总是反应慢、思路窄，只能就题论题，做不到举一反三，对于一些灵活性强的题目往往束手无策，这是怎么回事呢？

【想一想】

你是不是也跟故事中的小杰一样，学习勤奋，注重基础知识的积累，可是却总不见成绩有所提升呢？高中阶段的学习以理解和应用为主，在知识学习的基础上，还应该注重培养哪些方面的能力呢？你是不是忽略了观察、思维、分析、阅读、动手等思维能力的培养和训练？

测一测

测一测你的创新能力

下面有 10 句话，请根据自己的实际情况与真实想法，分别在句末注明 A、B 或 C(A=同意，B=拿不准，C=不同意)。

(1) 我不会盲目地做事，总是有的放矢，用正确的步骤来解决每一个具体问题。

(2) 无论什么问题，让我产生兴趣，总比别人困难。

(3) 我不尊重那些经常做没把握的事的人。

(4) 在解决问题时，我常常凭直觉来判断正确与错误。

(5) 在解决问题时，我分析问题较快，而综合所掌握的知识较慢。

(6) 我有较高的审美能力。

(7) 我的兴趣在于提出新的建议，而不是设法说服别人去接受这些建议。

(8) 我喜欢一门心思苦干的人。

(9) 我不喜欢提那些显得无知的问题。

(10) 那些使用古怪的和不常用词语的作家，纯粹是为了炫耀自己。

【测试说明】

创新能力计分表如表 4-1 所示。

表 4-1 创新能力计分表

序 号	A 计分	B 计分	C 计分
(1)	0	1	2
(2)	0	1	4
(3)	0	1	2
(4)	4	0	−2
(5)	−1	0	2
(6)	3	0	−1
(7)	2	1	0
(8)	0	1	2
(9)	0	1	3
(10)	−1	0	2

22 分及 22 分以上：你有较高的创造个性，总能想出一些别出心裁的点子，喜欢与

众不同。人们对你的评价也有很大出入，有人认为你不安分，哗众取宠，也有人欣赏你这种总是令人出乎意料的风格。世界因为你们的存在而更加多姿多彩，请保持这种个性。

11～21分：你善于在创造性做法与习惯做法之间找到均衡，具有一定的创新意识，并不墨守成规，经常会提出一些新颖的想法。但同时你也很注意尊重人们的传统习惯，不会做出过于惊世骇俗的事情。你这种个性十分适合管理岗位，同时也适合从事其他许多与人打交道的工作，如市场营销等，因为人们在与你交往时既觉得有趣，又不会因为过于激进而不能接受。

10分及10分以下：你属于循规蹈矩的人，做人总是有板有眼、一丝不苟。你认为既然规章一经制定，必定有它存在的理由，人们最好还是遵守它，这样才能保证社会的正常秩序。

知识导读

创造力

创造力是根据一定的目的和任务，开展能动的思维活动，产生新认识，创造新事物的能力。例如，创造新概念、新理论，更新技术，发明新设备、新方法，创作新作品都是创造力的表现。可以说，创造力就是用自己的方法创造新的、别人不知道的东西。

创造力的构成

1. 知识

知识是构成创造力的基础因素，包括吸收知识的能力、记忆知识的能力和理解知识的能力。任何创造都离不开知识，知识丰富有利于更多、更好地提出创造性设想，对设想进行科学的分析、鉴别、简化、调整、修正；有利于创造方案的实施与检验；也有利于克服自卑心理，增强自信心。知识是创造力的重要内容。

2. 智能

智能是智力和多种能力的综合，既包括敏锐、独特的观察力，高度集中的注意力，高效、持久的记忆力和灵活自如的操作力，也包括创造性思维能力，还包括掌握和运用创造原理、技巧和方法的能力等。智能也是创造力的重要内容。

3. 优良的个性品质

优良的个性品质包括意志、情操等方面的内容。它是在一个人生理素质的基础上，在一定的社会历史条件下，通过社会实践活动形成和发展起来的，是创造活动中所表现出来的创造素质。优良的个性品质，如永不满足的进取心、强烈的求知欲、坚韧顽强的意志、积极主动的独立思考精神等，是发挥创造力的重要条件和保证。

总之，知识、智能和优良的个性品质是创造力的基本要素，它们相互作用、相互影响，共同决定创造力的水平。

策略训练

策略一：提升独立性思维品质

培养独立性思维品质，应该具备以下三个方面的心理意识。

(1) 大胆而合理地怀疑。

(2) 提高不盲从于大多数的抗压能力。独立思维往往会有别于众人，有异于常规，因而会产生无形的心理压力，培养不随波逐流的抗压心理是非常重要的。

(3) 培养思维的流畅性。思维的流畅性也叫思想的丰富性，是指在限定时间内产生观念数量的多少。规定时间内能产生的想法越多，表明一个人的思维越流畅。

策略二：训练发散性思维

发散性思维是至关重要的。发散性思维即求异思维，是一种从不同途径、不同角度去探索多种可能性，探求答案的思维过程。发散性思维应在以下三个层次上循序渐进地培养。

(1) 流畅性。流畅性是发散性思维的第一层次，即思维的速度，表现为在短时间内表达较多的概念，列举较多的解决问题方案，探索较多的可能性。

活动：请在“日”字上、下、左、右各加笔画，写出尽可能多的字。

____

(2) 变通性。变通性是发散性思维的第二层次，表现为能够从不同的角度灵活考虑问题。

活动：请列举以下物品的用途，越多越好。

砖头：____________________________________

盐：____________________________________

报纸：____________________________________

伞：____________________________________

(3) 新颖性。新颖性是发散性思维的最高层次，也是求异的本质所在，表现为大胆突破常规、敢于创新的创造精神。

活动：请根据表 4-2 中的第一个例子将惯常的表达重新定义，完成表 4-2。

表 4-2 重新定义惯常的表达

惯常的表达	重新定义后的表达
设计一条船	设计一个漂浮物
设计一只捕鼠夹	
设计螺丝和螺母	
设计一把剃刀	
设计一个加热器	
设计一个眼镜盒子	

策略三：想象力的培养

创造一般是指运用自己的知识和经验，通过有意识的想象产生以前不存在的事物，因而想象是创造心理活动的起点和必经过程。所以，想象力的培养是完善创造性心理品质的重要环节，正如哲学家康德所说："想象力是一股强大的创造力量，它能够从自然所提供的材料中创造出第二自然。"因此，想象力的培养应落实在以下两个方面。

(1) 保持和发展好奇心。

(2) 拓宽知识面。想象力是多种知识相互启发而产生的，要涉猎多领域的知识，努力形成合理的知识结构。

反观自我

问一问

(1) 创造力对我们的生活有哪些实实在在的改变呢？

(2) 怎样才能让自己变得有创造力？

想一想

阅读下面的小故事，说说你受到了什么启发。

养牛之道

有位老农把一头大水牛拴在一个小木桩上。有人走过去对老农说："大伯，它会跑掉的。"老农呵呵一笑，语气十分肯定地说："它不会跑掉的，一直都是这样拴着的。"那人有些迷惑，忍不住又问："为什么不会跑？这么小的一个木桩，牛只要稍稍用力，不就拔出来了吗？"

这时，老农压低声音说："小伙子，我告诉你，当这头牛还是小牛的时候，就给拴在这个木桩上了。刚开始时，它不是那么老实待着，有时也撒野想从木桩上挣脱，但是，当时的它力气小，折腾了一阵子还是在原地打转，见没法子，它就蔫了。后来，它长大了，却再也没有心思跟这个木桩斗了。有一次，我拿着草料去喂它，故意把草料放到它脖子伸不到的地方，我想它会挣脱木桩去吃草的。可是它没有，只是叫了两声，就站在原地呆呆地望着草料。”

原来，约束这头牛的并不是小木桩，而是牛的惯性思维。人生又何尝不是如此？有的人总是用一种思维定式去经营自己的人生，结果，怎么也走不出自己为自己设置的牢笼，终生与成功无缘。

(资料来源：https://tieba.baidu.com/p/23140111，有删改)

活动拓展

活动主题：我的时装我做主

【活动目标】

(1) 打破思维定式，发散思维，充分发挥个体的创新能力，在活动过程中勇于将自己的想法落实到作品中。

(2) 在活动过程中创造美、感受美，展示自己，欣赏他人。

【活动准备】

废旧报刊、透明胶带、彩笔、小饰品等。

【活动过程】

(1) 各小组成员分工，选出一名模特、一名讲解员、一名裁判，其余为设计师。

(2) 每组派一人领取设计材料：废旧报刊、透明胶带。

(3) 各组在 25 分钟内完成一套“时装”的设计与制作，并将其穿在本组模特身上。可以自行用彩笔或小饰品进行装饰，但不能改变主要设计材料。

(4) 各组设计完成后，教师提供音乐，组织模特上台进行“时装”表演。

(5) 模特上台展示本组作品，并派本组讲解员介绍本组设计创意。

(6) 将所有裁判集中起来，对其他组的“时装”设计作品打分，得分最高的组获胜。

【小组分享】

请用 2～3 个词语形容本组和其他组的作品，并谈谈你的心得体会。

【注意事项】

(1) 注意调动学生的积极性，要求全员参与。

(2) 鼓励学生发散思维，开拓创新，做出与其他组不同的“时装”。

(3) 裁判要公平、公正、公开打分。

第五章　面对考试

第一节　跨过复习“高原期”

心灵故事

生活中，我们都有过长跑的体验，开始的时候，体力充沛，对自己很有信心，但是跑了一圈又一圈，眼看距离终点已经不远了，却感觉身体好像到了极限，多一步都跑不动了。如果就此止步，结果只能是失败。这时候，只要我们咬紧牙关激励自己，再坚持一下，跨过这一点，所谓“极限”的感觉就会消失，就能胜利到达终点。在心理学上，把这种体验叫作心理高原现象。高考复习过程中，你有过类似的体会吗？心理高原现象又是如何造成的呢？怎样跨过由心理高原现象带来的“高原期”呢？本节将和你一起探讨如何跨过复习“高原期”。

典型案例

复习效率不高，我该如何调整

进入高三以来，小丽全身心地投入学习中，刚开始时感觉复习效率很高，进步较快，对高考也是信心满满。但是随着复习的进一步深入，高考时间一步步临近，她感觉学习成绩飘忽不定，渐渐觉得复习状态在下降，每天总觉得脑子里一片混乱，原先记住的知识点好像也想不起来了。她想做点什么来转移注意力，可老是静不下心来。她告诉自己一定要集中注意力，可是完全不见效，好像自己的思想在受别人的控制一样。看见别人都在拼命地学习，而自己却是这个样子，她心里很苦恼、着急，有时甚至怀疑自己的能力，心情也变得烦躁起来，不停地问自己：“究竟有什么办法能让我不走神，能让我提高复习效率呢？”

【想一想】

在紧张的高三复习过程中，你是否觉得在开始复习的阶段，自己进步较快，效率较高，然而，随着复习的深入，有一段时间对学过的知识感觉模糊，学习效率无法提高，成绩忽高忽低，当你遇到这种情况会怎么办呢？是不是一时的停滞不前就意味着失败呢？我们可以怎样调整自身心态，以增强信心呢？

测一测

请根据自己近期学习和生活的实际情况，在下列句子后面的括号里填“是”或“否”。

(1) 觉得学习的负担比以前更重了，难以应付。(　　)

(2) 讨厌和父母谈到自己的学习成绩。(　　)

(3) 最近考试成绩时好时坏。(　　)

(4) 为自己的学习效率无法提高而感到苦恼。(　　)

(5) 总担心老师要找自己谈话。(　　)

(6) 觉得自己没有以前聪明了。(　　)

(7) 上课时，面对老师提出的问题不像以前那样积极了。(　　)

(8) 最近很少主动打开书本。(　　)

(9) 自己的学习方法一定不如别人。(　　)

(10) 对学过的知识总是前学后忘。(　　)

(11) 认为那些学习好的人天生脑子聪明。(　　)

(12) 感觉在学习上的付出与收获不成正比，成绩上升空间不大。(　　)

(13) 怀疑自己在学习上缺乏潜力。(　　)

(14) 自己总复习不到考试卷子上的题目。(　　)

(15) 最近觉得比较疲劳、烦躁，做任何事情都缺乏动力。(　　)

(16) 希望能够找到合适的人谈谈自己的学习苦恼。(　　)

【测试说明】

凡是回答“是”，则计 1 分；回答“否”，则计 0 分。得分越高，表明你越有可能在学习过程中出现了“高原现象”。高于 10 分，表明你已经进入了学习的“高原期”。

如果你已经进入了学习的“高原期”，不要紧张，因为你已经离学习水平质的飞跃不远了，加把劲，挺过去就是胜利。

知识导读

学习的“高原现象”和“高原期”

学习的“高原现象”指的是学习者在复习、备考过程中常会有这样一个阶段，即学习成绩到一定程度时，继续提高的速度减缓，甚至发生停滞不前或倒退的现象。出现“高原现象”的时期一般称为“高原期”。

学习的“高原现象”的表现

(1) 判断能力下降，做题的错误率明显提高。做题时，会犯一些自己意想不到的错误，难度稍大的题目就思考不出结果，难度小的题目又会觉得不可能这么容易而怀疑自己的答案。做题失去了严密性，常常出现这样或那样的漏洞。觉得自己问题很多，但又无从下手，做作业时翻翻这个，看看那个，明知自己不会，又不想下功夫。上课学不进，下课玩不痛快。

(2) 考试成绩明显下降，悲观、失望情绪上升。处于“高原期”的学生，成绩会出现显著的甚至是惊人的下降，给学生带来严重的心理压力，甚至怀疑自己是不是越学越笨，感到自己无可救药了，于是产生严重的悲观、消极情绪，甚至厌学。

学习的“高原现象”产生的原因

“高原现象”的产生原因是多种多样的。每个考生的学习方法、学习成绩与心态不尽相同，造成高考复习阶段出现“高原现象”的原因也不完全一样，通常有以下几个方面。

(1) 学习方法问题，即没能在复习的不同阶段及时调整相应的方法与策略。“高原现象”的出现，主要的原因是越临近复习后期，越需要加强综合能力。是侧重识记还是侧重理解，是侧重应用还是侧重综合，不同的复习阶段的侧重点都是不相同的。有些学生用前一阶段的学习方法来进行后一阶段的学习，用学习新知识的方法去复习后一阶段的内容，往往会导致学习方法、思维方式与学习内容的不适应。新问题没有用新方法去解决，学习效率自然会降低。

(2) 由于求胜心切，做题过多、过滥，乱了复习的阵脚，反而使效率降低。有些同学不仅做老师布置的卷子，而且买来很多卷子做，做得昏头转向，造成复习效率低下，考试成绩下降，自信心也锐减。

(3) 身心疲劳积累到一定程度而产生。如果学习长时间持续进行，超过某种限度和强度时，又缺乏体育锻炼，就会使人的身体机能减弱。有的同学睡眠不足，导致记忆力减退、思维迟钝等，学习的效率明显下降，必然会产生“今不如昔”的停滞感和倒退感。

有的同学经过一段时间的努力拼搏，学习成绩仍不尽如人意，来自父母、学校的压力使自己缺乏成功的体验，进而产生疲劳和厌恶感，表现为对每天的付出产生怀疑、精神涣散、倦怠、反应迟钝、情绪不安等，学习效率也就下降了。

(4) 学习动力因素。高考前的复习，范围广、容量大、时间长，与高一、高二的新课程学习相比，缺乏新意，形式单调。相当一部分学生很容易产生已经复习得差不多了的感觉，缺乏耐心，急于“求战”，很容易减弱学习的动机，甚至产生烦躁、厌倦的情绪。也有的同学成绩长期处于低水平阶段，遇到困难就失去信心，其原因是缺乏学习动力，学习目的不明确，对自己要求不高，得过且过，漫不经心。

策略训练

策略一：正确认识“高原期”

不少学生对学习中出现的“高原现象”感到束手无策，甚至影响心态与学习。我们要认识到“高原现象”是客观存在的，它只不过是学习过程中的暂时现象，并不是能力的极限。“高原期”只是学习上的停顿期，也是毅力、信心、斗志的考验期。经受一次考验，就会增长一次智慧，走出“高原期”后，学习效率和成绩还会继续提高。因此，遭遇“高原期”时，不要惊慌失措，只要忍住、挺住，积极行动，就一定会走出来继续创造学习上的辉煌。

策略二：强化身体素质，学会劳逸结合

“文武之道，一张一弛”，良好的健康状态才能让自己最大限度地释放自身能量。学生应注意脑力与体力的平衡，合理安排学习和休息、娱乐的时间，适当地参加体育运动，如跑步、做操、打球，使紧张的心理适当松弛下来。

策略三：夯实基础，调整学习方法，提升意志力

(1) 有的学生学习基础欠佳，有许多知识点没有弄清楚，有缺、漏、差的情况，在总复习时如果不能及时补上，日积月累，则会越来越难以弥补。所以要抓紧时间，查漏补缺，避免问题堆积过多。

(2) 学习新知识阶段所用的方法不一定适用于复习阶段，所以当到了复习阶段，要尽早探索适合该阶段的学习方法，以帮助自己走出“高原期”，进而促使学习成绩有新的提高。另外，学习方法在使用过程中会逐渐暴露出缺点，我们要不断改进学习方法，克服原有缺点，同时学会激发学习的兴奋点。我们可以静下心来好好想一想“我的目标是什么？”“我目前的资源有哪些？”“我面临的困难是什么？”“我能依靠的力量有哪些？”

针对目前的学习状况，重新制定学习目标，并把目标分解成一个个具体的分目标，明确自己想干什么、要干什么、能干什么。此时，如果有行动的激情和欲望，学习的兴奋点也就容易被激发出来。

(3) 学习者学到一定程度时，会感觉到疲劳，学习动机会下降，这时就需要学习者坚持，并保持强大的动力系统与执行系统。遇到困境时，要有百折不挠的勇气，用顽强的意志力来克服复习中出现的各种障碍。

反观自我

问一问

(1) 我最近的学习状态如何?

(2) 我现在所使用的学习方法是否适用于复习阶段? 是否需要做出调整?

(3) 我在学习上的弱点主要存在于哪些方面?

(4) 在复习过程中遇到“高原现象”时，我可以怎样有效地调整?

想一想

阅读下面的小故事，说说你受到了什么启发。

小河流的旅程

有一条小河从遥远的高山上流下来，流过很多村庄与森林，最后它来到了一个沙漠。它想:“我已经越过了重重的障碍，这次应该也可以穿过这个沙漠吧!”当它决定穿过这个沙漠的时候，它发现它的河水渐渐消失在泥沙当中，它试了一次又一次，总是徒劳无功，于是它灰心了。“也许这就是我的命运，我永远也到不了传说中那个浩瀚的大海了。”它颓废地自言自语。

这时候，四周响起了一阵低沉的声音:“如果微风可以跨越沙漠，那河流也可以。”原来这是沙漠发出的声音。

小河很不服气地回答说:“那是因为微风可以飞过沙漠，可是我却不行。”

“因为你坚持你原来的样子，所以你永远无法穿越这个沙漠。你必须让微风带着你飞过这个沙漠，到达你的目的地。只要你愿意改变现在的样子，让自己蒸发到微风中。”沙漠用它低沉的声音说。

小河从来不知道有这样的事情，“改变我现在的样子，然后消失在微风中? 不! 不!”小河无法接受这样的事情，毕竟它从未有过这样的体验。叫它改变、放弃自己现在的样子，那么不等于自我毁灭了吗? “我怎么知道这是真的?”小河问。

“微风可以把水蒸气包含在它之中，然后飘过沙漠，到了适当的地点，它就会把这些水蒸气释放出来形成雨水。这些雨水落在地上又会形成河流，继续向前进。”沙漠很有耐心地回答。

“那我还是原来的河流吗？”小河问。

“可以说是，也可以说不是。”沙漠回答。“不管你是一条河流还是看不见的水蒸气，你内在的本质从来没有改变。你之所以会坚持你是一条河流，是因为你从来不知道自己内在的本质。”

此时在小河的心中，隐隐约约地想起了自己在变成河流之前，似乎也是由微风带着自己，飞到某座高山的半山腰，然后变成雨水落下，才变成今日的河流。于是小河流鼓起勇气，投入微风张开的双臂，消失在微风之中，让微风带着它，奔向它心中的大海。

我们有时候是否也会像小河一样，想到成长中的障碍、困难，不自觉地就会灰心丧气或选择了放弃、踌躇不前呢？想要达到自己所期望的成就，向理想中的目标迈进，达到某种程度的突破，需要有调整自我、改变自我的决心与勇气。

(资料来源：https://wenku.baidu.com/view/f69ca4d133d4b14e85246812.html，有删改)

活动拓展

活动主题：打破学习瓶颈，我能行！

【活动目标】

通过这个活动，让学生认识到“高原现象”不是学习的极限，以提高学习的信心。

【活动准备】

气球若干个、一盒牙签、刘翔的视频、博尔特的资料。

【活动过程】

1. 热身活动：牙签与气球

活动目的：调动大家的积极性，同时认识到遇到问题时，要善于观察与思考，才能找到解决问题的办法。

活动规则：两人一组，一位同学吹气球，另一位同学拿牙签在鼓起的气球上扎洞，并使牙签停留在气球上，要求不能发出爆破声。

操作：每组先派两位同学到讲台上演示，看哪组的同学在较短时间里完成上述任务。注意，气球一旦爆破就说明任务失败。

思考：牙签扎在气球的哪个部位不易爆？扎在哪个部位易爆？为什么呢？

总结：刚开始我们是否会觉得气球这么薄，牙签这么锋利，怎么可能扎破而不爆呢？但经过不断尝试之后，会发现一切皆有可能。对于气球来说，最薄的地方因张力大，遇到尖锐的东西很容易爆破，但是只要我们努力寻找，依然可以找到牙签刺穿气球而气球却不爆破的位置，如气球底部、嘴部。

2. 欣赏视频：《记录刘翔 ——英雄没有终点》

视频画面：从 2004 年雅典奥运会到 2012 年伦敦奥运会，刘翔的运动生涯经历了从巅峰到低谷，又从低谷到巅峰的过程。

思考：

(1) 看完这段视频，你有什么感悟？

(2) 复习过程中遇到的“高原现象”是否意味着我们停止了进步，没有突破的可能了？

(3) 大家认识牙买加运动健将“闪电侠”博尔特吗？从 2008 年北京奥运会到 2016 年里约奥运会三届奥运会里，他在男子 100 米和 200 米赛跑中各跑出了什么成绩？为什么他可以一次次突破自己？查阅博尔特的资料，了解博尔特的成就。

总结：面对跌宕起伏，刘翔感触颇多：“从巅峰到低谷，又从低谷到巅峰，慢慢爬上来。在这个过程中，很多人很可能就一蹶不振了，我很庆幸，能一步步爬上来。”“竞技体育很残酷，运动员总有一天要退役，但一定要努力把最精彩的一刻留下。”博尔特一次次打破了人类极限，每一次跑完之后，他总喜欢对自己说：“我可以跑得再快些。”这就是一种信念，当我们心中有一种必胜信念的时候，可以突破很多阻碍我们前进的障碍。巴顿将军有一句话讲得很好：“衡量一个人成功的标志，不是看他登到顶峰的高度，而是看他跌到低谷的反弹力。”

山有巅峰，也有低谷；水有平缓，也有漩涡。人生之路也是一样，有顺境，也有逆境；有高峰，也有低谷。如果你的人生或学习成绩已经跌至最低谷了，只要自己没有彻底绝望，无论向哪个方向努力，都是向上的。所以，不要轻易放弃，面对学习困难，让我们勇敢走过去，告诉自己：“我一定可以，我能行！”你会发现有时前方未必是绝境。

【小组分享】

你怎样看待复习过程中出现的“高原现象”？你还了解哪些突破极限的事情或能给我们的心灵带来震撼的故事？

【注意事项】

(1) 引导学生充分认识到“高原现象”不是学习的极限，只要我们敢想、敢做，一切皆有可能。

(2) 学生在分享时，教师应适时鼓励，引导学生积极分享自身感悟、经历。

第二节 成功需要方法

心灵故事

成功是每个人与生命同在的梦，每个人都渴望成功，渴望拥有不一样的人生。那么，怎样才能取得成功呢？成功需要方法和智慧，用科学的方法指导你的行动，才能帮助你向成功一步一步迈进。比如一个高三学生要想取得高考成功，必须做好高三复习，复习就是巩固基础、储备知识、提高能力。“工欲善其事，必先利其器。”好的学习方法就是学习进步的工具和武器。

典型案例

实现梦想，我该如何去做

琪琪在初中时，成绩一直名列前茅。但上高中后，她便再也没有进入过班级前十名，一直徘徊在班级的中等水平。前不久，琪琪和父母提到想考重点大学的事，爸爸竟然毫不客气地说道：“你的成绩怎么样，我难道还不知道？不要浪费时间去想那些跟你八竿子打不着的事！”琪琪的眼里顿时充满了泪花，她想说：“我也一直在努力啊，我也希望自己有一天成绩能冲上去。”

现在的琪琪，变得越来越沉默。上课时，她不再像以前那样积极举手发言，也不喜欢与性格开朗的同学交往，她觉得自己越来越像一粒渺小的微尘，被人忘记，被人忽视……但是，考重点大学的梦想始终在心里萦绕，她真的不甘心，她该怎么办呢？

【想一想】

高考是人生中的一场大考。作为一名高中学生，在追求梦想的道路上都会有或多或少的压力，就像案例中的琪琪，充满了焦虑、迷茫。面对案例中琪琪的困境，你有什么应对办法？

测一测

测一测你现在的复习状态

亲爱的高三学子们，距离高考的日子越来越近，你准备好了吗？为了帮助大家更有效地复习各门功课，使复习发挥最大效益，特进行此次问卷测试，请大家根据自己的实际情况如实填写。

(1) 你对人生、前途的态度是(　　)。

A. 积极乐观　　B. 随遇而安

C. 消极悲观　　D. 任由命运安排

(2) 你的升学态度是(　　)。

A. 一定要考上

B. 能在更高平台上发展自己，实现自身价值

C. 检验自己，考上最好，考不上可以做其他事情

D. 无所谓，不在乎

(3) 复习到现在，你有没有自己的高考目标？你(　　)。

A. 有明确的高考目标，充满信心　　B. 有高考目标，比较有信心

C. 没有高考目标，没什么信心　　D. 无所谓

(4) 根据自身的实际情况，你的高考升学目标是(　　)。

A. 名牌大学　　B. 重点大学

C. 本科　　D. 大专

(5) 你现在的学习压力(　　)。

A. 过大，影响学习　　B. 还可以

C. 过小，没有动力　　D. 根本没压力

(6) 你认为自己的学习动力来自(　　)。

A. 自己未来的需要　　B. 同学间的竞争

C. 父母的期望　　D. 教师的督促

(7) 高考复习和备考阶段，影响你情绪的最大因素或你的最大学习压力是(　　)。

A. 复习的效果　　B. 家人的压力

C. 老师的压力　　D. 自己的身体因素或其他

(8) 你用来缓解学习压力的形式是(　　)。

A. 参加体育锻炼　　B. 找同学聊天

C. 上网　　D. 好好睡一觉

(9) 进入高三并复习了一段时间后，你对自己目前的学习状态(　　)。

A. 很满意　　B. 比较满意

C. 不太满意　　D. 不满意

(10) 你现在的学习成绩与你的预期相比，(　　)。

A. 现实比预期好　　B. 大致相符

C. 现实比预期差　　D. 不稳定

(11) 你觉得你的学习成绩(　　)。

A. 可以提高很多　　B. 可以提高一些

C. 只能保持原有水平　　D. 不好说

(12) 你对当前的课堂学习总体感到(　　)。

A. 能较好地跟上老师的课堂节奏，效率高、不辛苦

B. 基本跟得上老师的课堂节奏，不太辛苦

C. 勉强听得懂老师的课，觉得比较辛苦

D. 很多听不懂，感觉很难受，很辛苦

(13) 你认为自己(　　)。

A. 既有长期的计划又有短期的目标　　B. 有长期的计划

C. 有短期的目标　　D. 没有计划

(14) 你会把计划(　　)。

A. 详细列出来，并严格执行

B. 粗略列出来，并在执行过程中适当调整

C. 适当列出，却难以完成

D. 列出来，但不去执行

(15) 高考复习方法很重要，你觉得(　　)。

A. 各科都有自己的一些学习方法，学习效率还比较高

B. 有些科目的学习方法掌握得比较好，有些科目就不行

C. 大部分科目找不到自己的学习方法

D. 完全没有自己的学习方法，都是老师布置什么作业，我就做什么作业

(16) 平时考试时，你的心态是(　　)。

A. 提醒自己沉着、细心　　B. 告诫自己一定不能考砸

C. 紧张　　D. 只要认真答题，不在乎成绩如何

(17) 在平时考试中，你往往(　　)。

A. 沉着作题、自由发挥　　B. 力不从心

C. 顾此失彼　　D. 慌张怯场

(18) 你认为你的成绩与你的付出成正比吗？(　　)。

A. 是的　　B. 有时是

C. 不是　　D. 成绩与付出无关

(19) 你觉得考试中什么最重要？(可多选)(　　)。

A. 平时的基础和实力　　B. 良好的心态

C. 考试技巧　　D. 运气

(20) 平时考试结束后，你如何对待考题？(　　)。

A. 认真分析　　B. 粗略分析

C. 放在一边　　D. 马上对答案看看能得多少分

(21) 当你成绩不理想时，你的心理表现为(　　)。

A. 能承受　　B. 较能承受

C. 不能承受　　D. 无所谓

(22) 当你的考试成绩不理想的时候，你的做法是(　　)。

A. 及时找出自己在学习中存在的问题，改进学习方法，尽快提高成绩

B. 认为考试成绩不理想是由粗心大意等原因造成的，相信自己有能力学好

C. 对自己的能力产生了怀疑，失去了自信

D. 反正是考不好，可我努力了就随它去吧，车到山前必有路

【测试说明】

计分办法：A=3 分；B=2 分；C=1 分；D=0 分。

我的总分是(　　)。

44 分及以上：说明你现在的复习状态非常好，继续保持，在高考中取得理想成绩的希望非常大。

23～43 分：说明你现在的复习状态较好，但仍有许多方面需要做积极改进。

0～22 分：说明你现在的复习状态很不好，存在较多问题，应当引起注意，树立明确目标，端正学习态度，改进学习方法，积极努力，争取实现自己心中的理想。

(资料来源：http://yucaiwei.blog.sohu.com/139521520.html，作者有修改)

知识导读

缓解学习压力，积极备战高考

为了缓解高三学生的心理压力，帮助学生积极备战高考，特提出以下备考建议。

1. 勤奋刻苦，不懈努力

高三与高一、高二的学习和生活截然不同，虽在同一所学校，但是高三主要是自主学习，即每天按照自己的计划去做，要始终严格要求自己，把规范当作一种习惯，要重视细节，切忌眼高手低。

2. 持之以恒地为目标奋斗

量的积累达到一定程度才会发生质的飞跃，而这个量变的积累过程是艰辛的、缓慢的、循序渐进的，应持之以恒，远离浅尝辄止，千万不要奢望一步登天!越是到了高三，学习就越不容易。最困难的时候，也正是离成功最近的时候。我们在紧张的备考中，要胸怀自己的目标，凭每日细小的进步和成功去创造高考的辉煌。

3. 做事、学习都要讲求方法

用最短的时间做最多的事，并把它做好。学习本身也是一门学问，有方法可找，有规律可循。只有探索思考、总结经验，才能找到正确的方法。掌握了方法，具备了能力，摸清了规律，就能提高学习效率，就能驾驭知识，一定会大有收获。

4. 劳逸结合，事半功倍

每天中午要睡一个午觉，虽然有点奢侈，但是却很有必要。高三的学生不是超人，学习累了，应该及时调整状态，合理休息，并且还要学会随时随地休息，才能保证自己有良好的身心状态投入到复习中。

5. 正确面对考试，提前进行高考模拟演练

当看到自己的成绩排名不断上升时，表明你近段时间的复习效果不错，很有成效；但如果成绩排名有所下降，也不要着急，因为这很可能也是一件好事，让你在高考前发现自己不足的地方。

在平时的考试中，你还可以有针对性地尝试一些应考策略、做题方法，并从中找到最适合自己的。详细记录每科分数，然后逐科分析这一次的优势是什么，弱点是什么，什么地方该拿分却丢分了，什么地方是本身掌握的不扎实，什么地方是题目出得太偏无须在意。这不仅是一个理性地整理思路的过程，也有助于自己客观地看待考试结果。

策略训练

策略一：高考复习计划安排

1. 高考复习阶段的每日学习计划安排

对于学生来讲，要对高三一年的复习时间进行统筹安排，合理安排每日时间，最大效率地提高复习效果尤为重要。以下是每日学习计划安排，可供高三学生参考。

6：00—8：00：一日之计在于晨，对一般人来说，早晨起床后，头脑最清醒，体力也充沛，是学习的黄金时段。此时学习一些难记忆的内容较为适宜，如语言、定律、公式、方程式等。

8：00—9：00：实验结果显示，此时人的耐力处于最佳状态，大脑具有严谨而周密的思考、认知和处理能力，正是接受各种“考验”的好时间，可安排难度大的攻坚内容。

9：00—11：00：实验表明，这段时间的短期记忆效果很好，对马上要考核的东西进行突击复习，可事半功倍。

13：00—14：00：饭后人易疲劳，夏季尤其如此。在这段时间休息一下，养精蓄锐，有助于下午更好地学习，但午休切莫过长。

15：00—16：00：午休后精神较好，实验表明，此时的长期记忆效果非常好，可适当安排需要记忆或背诵的内容。

17：00—18：00：实验结果显示，这是完成复杂计算和比较消耗脑力的作业的好时间。

晚饭后：应根据各人情况妥善安排。可利用这段时间来回顾、复习全天学过的东西，分门别类地进行归纳、整理，加深印象。

晚上入睡前一小时：学习与记忆的黄金时段，可以利用这段时间来加深印象，特别是对一些难以记忆的东西加以复习，效果较好。

以下是一位高考优秀考生的每日作息时间表，可供参考。

每天 6：00 起床，6：30—7：30 复习英语，7：40—9：40 复习数学，9：50—11：50 机动安排；中午午休；下午 14：00—16：00 复习化学，16：10—18：10 复习物理；晚上安排 2 个小时复习语文，其余时间机动。

2. 高考前一个月的复习安排

(1) 5 月中旬以前，仍可沿用之前的学习方法。

为了迎考，可以进行超强度学习，也就是充分利用所有能够学习的时间进行学习。例如，晚上可以学得更晚些或早上可适当早起加强学习，但必须以第二天上课不太疲劳为前提；中午可以视自己的具体情况安排学习或休息。这样做有两个好处：一是适当加长学习时间，掌握更多的知识；二是能够增强自信心，避免出现担忧失败的心理。由于自己勤奋努力学习了，自己没有比一般同学付出的少，别人能做到的自己也做到了，可以增强自信心。

(2) 5 月中旬到 6 月初，进入调整阶段。

主要工作：

① 复习以前的错题本。

② 浏览以前考过的模拟试卷，进行查漏补缺工作，不要再过多地做练习了(不是不做)，可能有的老师发的试卷很多，此时可以选择性地去做，不需要全部完成。

③ 高考前几天不要太放松，更要合理安排复习计划，这几天不要再学习新知识，而是有计划地浏览、记忆重点知识。

策略二：调整心态，轻松迎高考

不管在此阶段还有什么心理疑惑或不踏实的地方，都要放下沉重的心理包袱，轻装上阵。此阶段不去关心能考上什么大学，而应“一颗红心，两手准备”，告诉自己：“考上固然好，考不上，也不要灰心，可以来年再考或去做适合自己的工作。”只有这样才能充分发挥自己的水平，考出理想成绩。

临考阶段，最重要的是树立自信心，即不管别人怎么评价自己，都要相信自己。有自信心，不一定能够成功；没有自信心，一定不能够成功。相信经过平时的努力和充分的复习准备，一定能够达到自己的目标，即使不能完全达到，只要尽力而为，也就没有什么遗憾了。

高考前，如果你的情绪过于低落，精神萎靡不振，则可能导致高考失败。要使自己紧张起来，进入兴奋的临考状态的一个有效方法是：制定细致的时间表，每周、每天的任务都合理安排。如果自己严格按时间表学习，数天后，涣散情绪便会消失。也可以到有学习气氛的地方学习，增强学习的紧迫感，看到别人都发愤苦读，你也会身不由己地融进这种气氛中，以缓解自己考前的过度紧张情绪。

策略三：考试策略

(1) 认真阅读考试说明和注意事项，以免因弄错某一项内容而丢分，考后感到遗憾。

(2) 答题时先易后难，稳扎稳打。做题时最好一次成功，不要期望全部做完后再认真检查(往往时间不够)。即使有检查时间，也不要盲目修改答案，因为做题时第一印象的成功率较高。

(3) 只要不倒扣分，尝试回答所有问题。

(4) 主要检查有没有漏做的考题，涂卡有无涂错题号的。

反观自我

问一问

(1) 我有明确的高考目标吗？我的目标是什么？

(2) 我现在的学习压力大吗？我是如何缓解的？

(3) 我对自己目前的学习状态满意吗？我的学习成绩还有提升的空间吗？

(4) 我有一套自己的复习方法吗？我的复习方法是否存在什么问题，应如何进行调整？

想一想

阅读下面的小故事，说说你受到了什么启发。

飞翔的蜘蛛

信念是一种无坚不摧的力量，当你坚信自己能成功时，你必能成功。一天，我发现一只黑蜘蛛在后院的两檐之间结了一张很大的网。难道蜘蛛会飞？要不，从这个檐头到那个檐头，中间有一丈余宽，第一根蛛丝是怎么拉过去的？后来，我发现蜘蛛走了许多弯路——从一个檐头起，打结，顺墙而下，一步一步向前爬，小心翼翼，翘起尾部，不让丝沾到地面的砂石或别的物体上，走过空地，再爬上对面的檐头，高度差不多了，再把丝收紧，以后也是如此。

蜘蛛是勤奋、敏感、沉默而坚韧的生物，它不会飞翔，但它能够把网凌空结在半空中。它的网制得精巧而规矩，八卦形地张开，仿佛得到神助。这使人不由想起那些沉默寡言的人和一些深藏不露的智者。于是，我记住了蜘蛛不会飞翔但它照样把网结在空中。奇迹是执着者创造的。

(资料来源：http：//tieba.baidu.com/p/3659465653)

读了这个故事之后，亲爱的同学们，你们想到了什么呢？还会再畏惧高考吗？难道我们还不如一个小小的蜘蛛？

所以，无论我们的现状如何，只要我们心中怀有梦想，目标明确，踏实认真，坚持不懈，再加上正确的复习方法和良好的心态，相信我们最终一定能赢得高考，取得辉煌的成绩！

活动拓展

活动主题：直面高三，轻松迎考

【活动目标】

通过本次活动，使学生在考前对高考有一个全新的认识，降低考前压力。

【活动准备】

能使人放松的音乐。

【活动过程】

1. 暖身活动

(1) 每 10 个人一组，将全班同学分成若干小组，每组同学站成面对面的内外两圈，相对的两个同学互相讲述自己对高考的看法和理解。

(2) 这一对同学分享完之后，外圈同学向右移动一步，与另一位内圈同学交流，以此类推，直到这一组的同学都互相交流完。

2. 分享收获

(1) 请同学说说自己在暖身活动中的收获，即从不同同学那里得到的对于高考的看法。

(2) 说说哪种看法比较好，为什么？

(3) 由教师总结、概括较正确的高考观，即高考只是我们人生中一次特殊的经历，它不是所有，也不是唯一。高考是为了让我们找到更适合自己就读的学校，以及帮助我们了解自己可能成为哪一类人才。

3. 感受他人

(1) 做一名小记者，采访周围同学的高考目标，以及他们的一些较为得力的记忆方法和学习方法。

(2) 采访内容：

① 你在高考的复习阶段有什么比较好的记忆方法和学习方法要跟大家分享吗？

② 你给自己定的高考目标是什么？

③ 现在重新审视一下，你觉得自己的目标是不是适合自己？有没有新的打算？

4. 轻松迎考

在教师指导下，做一个最简单易行的呼吸放松训练(配乐)。

5. 我能成功

(1) 利用自我暗示法树立信心，例如告诉自己："我一定可以，我能成功！我很棒！"

(2) 今日事今日毕，要有"今天我必须成功"的心态。

(3) 失败只是暂时的不成功，存在的即是合理的。

(4) 送给学生一首小诗，并做总结：

面对高考并不难，
调整心态最关键。
听听音乐睡好觉，
放松心情没压力。
保持这样去考试，
我保你一定能行。
相信自己，就是胜利。

【小组分享】

从这个活动中，你有什么发现？有哪些收获？请说出自己心中最真实的感受。

【注意事项】

通过游戏融洽课堂气氛，充分调动学生参与的积极性，消除学生的紧张感，创设和谐、愉快的课堂氛围。

第三节　克服考试焦虑

心灵故事

一天早晨，死神向一座城市走去，一个人问道："你要去做什么？"

“我要去带走 100 个人。”死神回答道。

“太可怕了！”那个人说。

“事实就是这样，”死神说，“我必须这么做。”

这个人跑去提醒所有的人：死神将要来临。

到了晚上，他又碰见了死神。

“你告诉我你要带走 100 个人，”这个人说，“为什么有 1000 个人死了？”

“我照我说的做了，”死神回答，“我带走了 100 个人，焦虑带走了其他的人。”

在学习和生活中，你是否曾经因为焦虑而与目标渐行渐远，又是否曾经因为克服了焦虑而如愿以偿地实现了目标呢？本节，我们一起探讨考试焦虑这个话题。

典型案例

一想到考试就头痛，我该怎么办

小辉是一名高二的学生，平时上课表现很不错，认真听讲，积极思考，对某些问题能提出自己独到的见解，经常受到教师的表扬；课后作业完成的质量很高，字迹端正，正确率高；同学遇到难题也喜欢向他请教，他总是竭尽所能地帮助那些有困难的同学。奇怪的是一到考试，他平常那股沉着、冷静的劲儿便消失得无影无踪了，平时很容易解决的问题，考试时却怎么也解答不出，甚至出现恐慌、胸闷、头昏等现象，精神难以集中，原来复习过的知识也回忆不起来。他说：“我最头痛的是考试，怕考不出好分数。”

【想一想】

同学们，你是否也像小辉一样，一想到、听到考试就会不由自主地感到紧张，甚至还会产生不同程度的沮丧或惧怕的心理反应呢？

测一测

了解你的考试焦虑水平

下面有 33 个题目，每个题目有四个选项：A=很符合自己的情况；B=比较符合自己的情况；C=较不符合自己的情况；D=很不符合自己的情况。请根据自己的实际情况做出选择。

(1) 在重要考试的前几天，我坐立不安。(　　)

(2) 每当临近考试时，我就拉肚子。(　　)
(3) 一想到考试即将来临，身体就会发僵。(　　)
(4) 在考试前，我总感到苦恼。(　　)
(5) 在考试前，我感到烦躁，脾气也会变坏。(　　)
(6) 在紧张的复习期间，我常会想：“这次考试要是成绩不理想怎么办？”(　　)
(7) 越临近考试，我的注意力越难集中。(　　)
(8) 一想到马上就要考试了，参加任何文娱活动都感到没劲。(　　)
(9) 在考试前，我总预感到这次考试将要考砸。(　　)
(10) 在考试前，我常做关于考试的梦。(　　)
(11) 到了考试那天，我就不安起来。(　　)
(12) 当听到开始考试的铃声，我的心跳马上加快。(　　)
(13) 遇到重要的考试，我的脑子就变得比平时迟钝。(　　)
(14) 考试题目越多、越难，我就越感到不安。(　　)
(15) 考试时，我的手会变得冰凉。(　　)
(16) 考试时，我感到十分紧张。(　　)
(17) 一遇到很难的考试，我就担心自己会不及格。(　　)
(18) 在紧张的考试中，我却会想些与考试无关的事情，注意力集中不起来。(　　)
(19) 考试时，我会紧张得连平时记得滚瓜烂熟的知识也回忆不起来。(　　)
(20) 考试时，我会沉浸在空想之中，一时忘了自己是在考试。(　　)
(21) 考试时，我想上厕所的次数比平时多些。(　　)
(22) 考试时，即使不热，我也会浑身出汗。(　　)
(23) 考试时，我紧张得手发僵，写字不流畅。(　　)
(24) 考试时，我经常会看错题目。(　　)
(25) 在进行重要的考试时，我的头就会痛起来。(　　)
(26) 发现剩下的时间来不及做完全部考题，我会急得手足无措、浑身大汗。(　　)
(27) 如果我考了个糟糕的分数，家长或老师会严厉地指责我。(　　)
(28) 考试后，发现自己会做的题没有答对时，就十分生自己的气。(　　)
(29) 几次重要的考试之后，我腹泻了。(　　)
(30) 我对考试十分厌烦。(　　)
(31) 只要考试不计成绩，我就会喜欢考试。(　　)
(32) 考试不应当像现在这样，在紧张状态下进行。(　　)
(33) 不考试，我能学到更多的知识。(　　)

【测试说明】

选 A 得 3 分，选 B 得 2 分，选 C 得 1 分，选 D 得 0 分。

用下列公式可以计算出总得分：总得分 = 3 × A 的个数 + 2 × B 的个数 + C 的个数。根据总得分就可以了解自己的考试焦虑水平。

0～24 分：可认为对待考试镇定自若，沉着冷静。

25～49 分：可认为是轻度焦虑。

50～74 分：可认为是中度焦虑。

75～99 分：可认为是重度焦虑。

(资料来源：https://wenku.baidu.com/view/e23a82e1e418964bcf84b9d528ea81c759f52ed4.html)

知识导读

考试焦虑

考试焦虑是一种情绪反应，由一定的应试情景引起，以担心为基本特征，以防御或逃避为行为方式，受个体认知评价、人格因素及其他因素所制约。引发考试焦虑的原因是多方面的，有客观原因，也有主观原因。

产生考试焦虑正常吗

对考试产生一定程度的心理紧张和焦虑是正常现象，但焦虑只能适度，而不能过度，焦虑过强或没有焦虑都会影响学习效率。心理学家耶克斯和多德森的研究证实，学习压力和学习效率的关系如倒 U 形曲线，如图 5-1 所示。没有学习压力，可能会使人失去动力，停滞不前；适度的学习压力，可以激发人的干劲和潜能，提高学习效率；过度的学习压力会使人陷入焦虑，影响学习效率和已有水平的正常发挥。

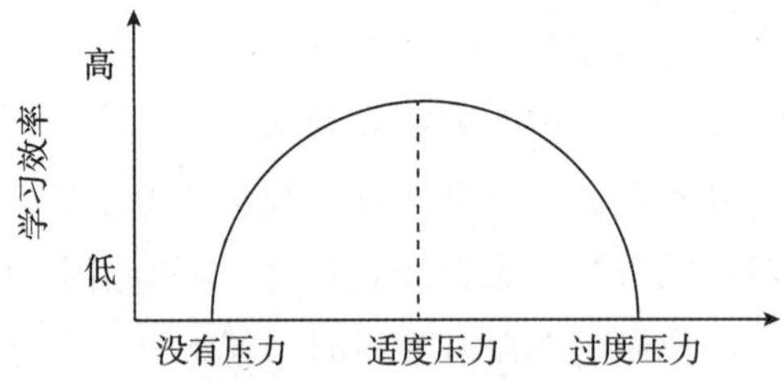

图 5-1　倒 U 形曲线

因此，适度的考试焦虑具有一定的积极作用。在复习阶段，适度的紧张情绪和压力更能帮助我们进行充分的复习准备。考试中的适度焦虑能保持大脑的兴奋，有助于我们集中精力应对考试。

考试焦虑的主要表现

情绪层面：主要表现在考前复习阶段，紧张、不安、浮躁、有压力感，异常兴奋或过度抑郁，悲观消沉或易于冲动，心神不定或心烦意乱，心猿意马、患得患失；考试中头脑发胀、眼前发黑，甚至头脑一片空白；考后为某一题、某一科没有考好或考砸倍感自疚、反复自责。

生理层面：主要表现为心悸、冒汗、头昏、颤抖、胃肠不适、食欲减退、失眠、全身无力、精神恍惚、整天犯困。

认知层面：表现为在复习中或考试中过分关注某事物，如一听到“考试”两字就心跳加速；注意力不集中，如看书时走神，一道题想半天也做不出来；思维形式失调，出现思维障碍，回答问题不能确定，缺乏逻辑性；记忆力减退、疏解压力的能力降低，反应迟钝甚至减退。

考试焦虑形成的原因

考试焦虑是多种因素相互作用而形成的，其焦虑水平也受多方面因素的制约，既包括学生自身的内部因素，也包括学习、生活环境的外部因素。

(1) 心理压力过大。有些教师或家长对学生期望过高，提出不适当的要求，如每科要考多少分、要考上某某大学等，会造成学生心理负荷过重；错误地夸大考试与个人得失及前途的关系，过分渲染考试失败的悲惨结局等，都会使学生在过大的压力下产生紧张、焦虑的情绪。

(2) 个性差异。青少年神经的兴奋与抑制过程不够平衡，易产生焦虑。另外，心理健全者不易焦虑，即使有了焦虑，对行为的消极影响也较小；心理脆弱者容易焦虑，对行为的消极影响亦较大。自信的人不易焦虑，而缺乏自信，总是害怕遇到难题、偏题，以及过于虚荣的人，一遇到难题就会极为紧张，也易产生焦虑情绪，甚至晕场。焦虑程度还与能力有关。能力强者，解决问题的把握大，自信足，觉得自己考试能取得成功，就不会有考试焦虑或考试焦虑程度较低(除非有特殊原因)；而能力弱者，自感自己不如别人，对考出好成绩没有信心，如果再有家长或其他方面的压力，自己又很爱面子，怕考不好丢脸，那么考前就会忧虑不安甚至有恐惧感，焦虑程度会很高。

(3) 知识技能不足。学生如果感到对考试要求掌握的知识技能有较多欠缺，难以取得良好的考试成绩时，便会坐卧不安，焦躁万分；而知识储备较好的学生，对题型、解题思路、答题要点、评分标准等问题心中有数，有一定的考试经验和技能，他们在考场上就会得心应手，处之泰然，能够不慌不忙地解答问题。

策略训练

策略一：正确认识考试的意义

考试并非洪水猛兽，它只是对我们平时学习情况的一种检阅方式。基于此，我们应该积极地参与考试，通过考试来帮助自己在以后的复习中查缺补漏，进一步优化自己的学习方法。所以，面对考试，我们应该满怀信心，积极准备，沉着冷静地应试，而不要把它当作负担，或者对它害怕不已。

策略二：设置合理的期望值

作为高中学生，我们承载着父母、老师等的各种期望，尤其是个别家长对孩子的期望值特别高，导致个体十分焦虑。另外，我们对自己也是有期望的，毕竟谁都希望自己能出类拔萃，能考上自己心仪的大学。但事实上，要实现梦想并非易事，因为每个人的学习基础、学习效率乃至心理素质是不一样的，如果设置过高的目标，只会让自己越来越挫败。所以，我们不能太在乎别人对自己的期望，也不能对自己设置过高的期望，而是要根据自己的实际情况，设置合理的期望值，让自己通过努力就可以实现，从而避免产生较为严重的考试焦虑。

策略三：坚持劳逸结合

高中的学习是辛苦的，尤其是进入高三后，学习的强度增大，每天都忙得不可开交。在这样的情况下，如果每天都在忙于学习，而不懂得休息、放松，势必会适得其反，影响学习的效率，继而影响学习的效果。所以，我们要学会在紧张的学习之余适当地放松，以缓解学习压力，保持良好的学习状态。比如，我们可以在学习的间隙看看笑话书，去操场散散步，和同学聊聊天，听听音乐，闭目养神想象一下自己成功时的情景等。

策略四：掌握考场上自我心理调节的方法

(1) 心理暗示法。考试中出现怯场时，可以运用自我暗示法，暂时放下笔，在心里对自己默默地说："放松，放松，我能够集中注意力，我相信自己能够发挥出自己应有的水平。"你也可以这样告诉自己："考场上，我难人难，我易人易，与其慌乱，不如安静下来。"

(2) 想象成功法。当考试焦虑袭来时，可以静下心来，轻轻地闭上眼，默默地回想自己以前某一次取得理想成绩的情景，回想得越清楚、越逼真则效果越好。然后在心中告诉自己："这次考试，我也能取得不错的成绩。"通过想象成功的考试经历，可以有效地缓解考试焦虑。

反观自我

问一问

(1) 我如何看待考试?

(2) 我如何对待来自家庭、学校、社会的压力?

(3) 考试前、考试中很焦虑，该如何放松自我?

想一想

阅读下面的小故事，说说你得到了什么启发。

落入坑洞的猎人

有一群人到山上去打猎，其中一个猎人不小心掉进很深的坑洞里，他的右手和双脚都摔断了，只剩下一只健全的左手。

坑洞非常深，又很陡峭，地面上的人束手无策。幸好，坑洞的壁上长了一些草，那个猎人就用左手和身体撑住洞壁，用嘴巴咬着草，慢慢地向上攀爬。地面上的人看不清洞里，只能大声为他加油。等到看清他身处险境，嘴巴咬着小草攀爬，忍不住议论起来。

“哎呀！像他这样一定爬不上来了！”

“情况真糟，他的手脚都断了呢！”

“真可惜！他如果摔下去死了，留下的庞大家产就无缘享用了。”

“他的老母亲和妻子可怎么办才好！”

落入山洞的猎人实在忍无可忍了，他张嘴大叫：“你们都给我闭嘴！”

就在他张口的刹那，他再度落入坑洞，当场摔死。

无论什么时候，在面对困境和难关的时候，千万不要太在意别人的议论，坚定地朝目标努力。面对不相干的议论，我们要学会姑且听之，相信自己，相信时间会证明一切。

(资料来源：http://www.sohu.com/a/125691238_311446)

活动拓展

活动主题：系统脱敏解焦虑

系统脱敏解虑法是一种心理治疗方法，又称交互抑制法，是指利用对抗性条件反射原理，在放松的基础上循序渐进地使学生的神经过敏反应逐步减弱，直至消除的一种焦虑解除方法。

【活动目标】

降低学生的考试焦虑水平，使其以最佳心理状态投入考试并发挥自己的正常水平。

【活动准备】

A4 纸(与活动人数相同)，能让人放松的音乐。

【活动过程】

(1) 列出引起考试焦虑反应的具体刺激情景，将曾经或可能引起考试紧张情绪的情景都尽可能详细地列在纸上。

(2) 将各种考试焦虑的具体刺激情景，按焦虑等级从弱到强的顺序排列。把焦虑等级最弱的情景排在第一位，依次排列完毕，将自己真实的感受记录下来，如表 5-1 所示。

表 5-1 焦虑等级排序

焦虑等级	距高考的时间	情绪表现
0	还有半年	感到轻松愉快
10	还有三个月	模拟考试时心里有点不安
20	还有一个月	班上有同学议论高考，开始忧虑
30	还有十五天	老师讲高考应注意的问题，有些心慌
40	还有十天	情绪有些低落，开始有些紧张不安
50	还有五天	感到紧张，有时感到头昏
60	还有三天	坐卧不安，觉得有许多书要看，又不知从何处着手
70	还有两天	想起考试就紧张，觉得恐怖，希望这种日子赶快过去
80	考试前一天	大祸临头的感觉，担心晚上睡不着
85	即将进入考场	心跳加快，手脚明显震颤
90	考场等待	心跳得厉害，感到目眩
95	监考老师开始发放试卷	大脑一片空白，手脚不听使唤
100	别人已经交卷了，我还没有做完	浑身发抖，几乎昏厥过去

注：0 表示较轻的等级，100 表示较重的等级。

(3) 做呼吸放松训练。精神集中于你的鼻子，感受你的呼吸过程；缓慢地通过鼻腔深吸一口长气，同时在心中慢慢地从 1 数到 5；屏住呼吸，从 1 数到 5(约 5 秒钟)；5 秒钟以后，缓慢地用鼻腔呼气，呼气的时候，心中慢慢地从 1 数到 5。重复以上过程 7 次。

(4) 进行脱敏想象。首先放松肌肉，使肌肉处于放松状态后，开始想象焦虑等级为 0 时的情景，想象要尽可能生动、逼真，有身临其境的感觉。例如，可以想象，在一个暖暖的春天，自己走在一片空旷的草地上，阳光暖暖地照在身上，享受着蓝天、白云、绿草、春风、新鲜的空气，舒服极了。当想象结束后，比较一下想象前后肌肉放松的状况。如果觉得身体有些部位的肌肉还没有完全放松，就需要对这些部位的肌肉再次放松，直到全身所有的肌肉都放松为止。

反复体验焦虑等级为 0 时轻松愉快的感受，然后再缓慢进入焦虑等级为 10 的情景，同时进行放松，直到自己能够在这种情景中保持放松为止，接着向更高的焦虑等级过渡。

当在某一级焦虑情景刺激下，无论如何也达不到放松状态时，就应停止训练，经过休整后，再从最初的情景刺激开始训练。一般来说，每天进行一次脱敏，每次脱敏的焦虑等级不应太多。脱敏训练之前，一定要先做放松训练，以保证效果。

这样一级一级地进行训练，最后达到在想象完“监考老师开始发放试卷”“别人已经交卷了，我还没有做完”之后，肌肉仍能保持放松状态，这时就说明已经彻底实现了脱敏，战胜了考试焦虑。

【小组分享】

今天的活动中，你体会到了什么？有什么收获？

【注意事项】

(1) 要选择轻柔的，有助于放松、冥想的音乐。

(2) 做呼吸放松训练时，要注意感受身体的变化。继续反复练习，次数越多，越能感到心情平静、精神集中、充满活力。

第四节　科学睡眠

心灵故事

睡眠对于每个人来说都不陌生，因为每个人每天都需要睡眠，人的一生中有 1/3 的时间是在睡眠中度过的。由此可见，睡眠对于我们来说十分重要。全国少工委的一项调查显示：46.9%的中小学生没有达到国家规定的睡眠标准，睡眠不足的人易表现出烦躁、精神萎靡、注意力不集中、记忆力减退等症状。长期睡眠不足可导致机体免疫力下降，影响学生的身体健康。睡眠不足引起的情绪波动还会成为各种心理障碍的诱因。高中生必须认真、科学地认识睡眠，这样才能更好地睡觉、学习和生活。本节，我们就一起聊一聊睡眠这个话题。

典型案例

我该如何走出失眠的泥潭

芳芳，平时学习十分勤奋，上进心很强，对自己要求很高，但性格偏内向，很少主动与同学交往。成绩在班里属于中等水平，而且不是很稳定。自从进入高三后，芳芳每次考试前几天就开始紧张，导致晚上入睡困难，噩梦较多，有时几乎彻夜难眠，严重影响了白天的学习和考试，心里非常焦急，可越焦急越睡不好。随着高考的临近，芳芳的失眠情况越来越严重，睡觉之前总是想事情，如果自己考不上大学该怎么办？为什么别人都呼呼大睡而自己睡不着……她觉得自己快要疯掉了。

【想一想】

睡眠对于每一个人来说都是非常重要的，没有好的睡眠就没有好的精神状态。面对高考的压力，很多高中生都会有失眠的经历，出现这种情况应该怎么办呢？如何才能更好地入睡呢？

测一测

你有睡眠障碍吗

请根据自己的实际情况来选择答案。

(1) 入睡时间________。

A. 正常　　B. 轻微延迟

C. 显著延迟　　D. 严重延迟甚至可能无法入睡

(2) 夜间睡眠中断对自己_______。

A. 没有影响　　B. 有轻微影响

C. 有显著影响　　D. 有严重影响甚至可能无法再次入睡

(3) 早上醒来，会比期望的时间________。

A. 相差不多　　B. 轻微提早

C. 显著提早　　D. 严重提早或整晚无法入睡

(4) 总睡眠时间________。

A. 足够　　B. 轻微不足

C. 显著不足　　D. 严重不足或整晚无法入睡

(5) 你对总睡眠质量(不论睡眠时间的长短)感到 _______。

A. 满意　　B. 轻微不满意
C. 显著不满意　　D. 严重不满意

(6) 白天情绪________。

A. 正常　　B. 轻微不好　　C. 显著不好　　D. 严重不好

(7) 白天身体功能________。

A. 正常　　B. 轻微受影响　　C. 显著受影响　　D. 严重受影响

(8) 白天________。

A. 没有思睡　　B. 轻微思睡　　C. 显著思睡　　D. 严重思睡

【测试说明】

选 A，计 0 分；选 B，计 1 分；选 C，计 2 分；选 D，计 3 分。

如果总分小于 4 分，无睡眠障碍；如果总分在 4～6 分，可能存在失眠；如果总分大于 6 分，肯定存在失眠。

知识导读

睡眠的作用

其实从我们每天花大约 1/3 的时间用于睡觉就可以看出睡眠的重要性。那么，睡眠具体有哪些作用呢？简单地说，睡眠的作用体现在以下几方面。

(1) 消除疲劳，恢复体力。

(2) 保护大脑，恢复精力。

(3) 增强免疫力，康复肌体。

(4) 促进生长发育。

(5) 有利于皮肤新陈代谢。

(6) 促进心理健康。

睡得越多越好吗

美国加利福尼亚大学克里普克教授的研究结果表明：高中生一般每天睡 8 小时即可，并非越多越好；每晚睡 6.5～7.5 小时的人寿命最长；每晚睡眠时间在 10 小时以上的人死亡率高于睡眠时间为 6～8 小时的人。

人在睡眠时血液循环缓慢，过度睡眠会增加心脏或脑的血脉凝块的危险，容易诱发心脏病或中风。

拿破仑一世每天只睡 3～4 小时，丘吉尔每天只睡 5～6 小时，因此，我们不要为没有睡足 8 小时而烦恼，只要感到睡够了，精力恢复了，就是正常睡眠。

怎样才算睡得好

睡眠的质量一般用下列标准进行衡量，同学们不妨对比一下，看看自己的睡眠质量究竟如何。

(1) 入睡快：在 10 分钟内入睡，最长不超过 20 分钟。

(2) 睡眠深：呼吸深长而不易惊醒，夜间觉醒一般在 6 次以内。

(3) 起夜少：很少起夜。

(4) 无惊梦：很少做噩梦，醒后容易忘记梦境。

(5) 起床快：醒后很少赖床，可适当在床上休息 5 分钟左右。

(6) 精神好：早晨起床后精神好。

(7) 脑清醒：白天头脑清醒，不过一点都不困倦是很难做到的。

怎样睡好午觉

德国睡眠研究专家研究发现，人体除夜晚外，白天也需要适当的睡眠。人在上午 9∶00、中午 13∶00 和下午 17∶00 有 3 个睡眠高峰，中午 1 点的睡眠高峰较为明显。也就是说，人除了夜间睡眠之外，在白天有一个以 4 个小时为间隔的睡眠节律。不过鉴于我国人民的生活习惯，人不可能在白天睡几次觉，所以我们有必要通过意志努力克制睡眠欲望，将上午 9∶00 和下午 17∶00 的睡眠高峰调整到中午 13∶00 点进行集中午睡。那么，怎样才能睡好午觉呢？应注意以下几点。

(1) 不要饭后即睡。

(2) 注意午睡姿势。

(3) 时间不宜过长。

(4) 根据需要午睡。

经常做梦对健康有影响吗

做梦是一种固有的生理现象，健康的人不可能不做梦。

很多人认为，做梦会影响大脑的充分休息，因而梦多不利于人体健康。但是，德国脑科专家胡贝尔研究表明，做梦是对大脑有益的正常生理活动，有益于锻炼大脑的功能，可以延长寿命，提高智商，使大脑得到充分休息。

研究表明，无梦睡眠是一种抑制过程，可以使大脑得到充分的休息，补充能量，解除疲劳；而有梦睡眠过程中，大脑中少数细胞的活动有利于大脑保持一定的兴奋水平，从而起到稳定肌体的调节作用。由此可见，大脑的兴奋和抑制处于平衡状态更有利于白天的学习和生活。

另外，做梦还是开发大脑潜能的有效途径，很多伟大的科学发现就是科学家在梦境中得到了启发。心理学家弗洛伊德认为，梦是人们愿望的达成。

我们不必为做了一个美梦而欣喜，也没有必要为做了一个噩梦而难过，因为做梦本身对人及睡眠都是有益的。

策略训练

策略一：正确认识睡眠

睡眠的最大障碍就是对失眠问题的过分关注。每个高中生都会有学习压力，偶尔睡不着很正常，如果一晚睡不好，第二天总想着这事儿，担心晚上再睡不好，这样肯定会失眠。失眠不可怕，对失眠的恐惧才可怕。对于睡眠，应顺其自然，用一颗平常心看待，困了就睡觉，醒了就微笑，不要强制给自己定下目标，不是每个人都要睡够 8 小时。人的体质是有差别的，不管睡几个小时，只要第二天自我感觉精力充沛就好。

策略二：培养积极的心态

高中生对失眠要保持乐观、知足常乐的良好心态。当你睡不着时，不要想为什么睡不着，睡不着怎么办，可以告诉自己睡不着是因为自己不困，不困是因为自己精力旺盛，没什么大不了的。睡不着时，可以起来看看书或者总结一下今天做了什么、计划明天要干什么，减少焦虑，有助于入睡。

当然，失眠也有反复，这两三天睡得好，过几天又睡不好了，这是正常的。总之，当自己睡不着时，要接受它，面对它。可以这样想，我前几天睡得好，所以我是可以睡好的，睡不好只是自己还没真正放下失眠。虽然还会有焦虑、紧张，但不要太心急，给自己时间，慢慢调节，肯定会好的。

总之，失眠不是病，大部分时候是心理在作怪，要放下对失眠的困扰，保持阳光、积极的态度。

策略三：“八忌九保持”

晚上 10∶30 至凌晨 4∶30 是最佳睡眠时间，入睡最晚不要超过晚上 11∶00，过了 11∶00，人反而会变得兴奋，更难入睡。

良好的睡眠需要一定的条件，这里总结了“八忌九保持”，可以帮助同学们提高睡眠质量。

“八忌”包括：①忌在床上消磨时间；②忌强迫自己睡觉；③忌睡前剧烈活动；④忌睡前喝咖啡；⑤忌睡前喝浓茶；⑥忌睡前过量饮食；⑦忌长时间午睡；⑧忌睡前打电话。

“九保持”包括：①保持稳定的情绪；②保持安静的环境；③保持柔和的光线；④保持适宜的温度；⑤保持舒适的寝具；⑥保持健康的身体；⑦保持必要的锻炼；⑧保持良好的习惯；⑨保持放松的心态。

反观自我

问一问

(1) 我每天睡几个小时？

(2) 我习惯早睡早起吗？

(3) 睡得越多就越好吗？

(4) 睡眠不足可怕吗？

(5) 我能用所学知识来科学地保证自己的睡眠吗？

想一想

阅读下面的内容，说说你受到了什么启发。

熬夜的危害

长期熬夜对身体的危害不容小觑。

(1) 易诱发糖尿病。有研究表明，晚睡、熬夜往往会增加患糖尿病的概率，充分的睡眠有助于预防糖尿病。

(2) 容易导致猝死。有研究表明，长期晚睡、熬夜、睡眠不足是高血压的一个重要致病因素，这也使得熬夜人群患各类突发性心脑血管疾病的概率大大增加，容易导致猝死。

(3) 增加患癌风险。人体免疫因子大多在睡觉时形成，长期晚睡、熬夜会导致免疫力降低，出现疲劳、精神不振。

免疫力是人体对抗癌症的天然屏障，免疫力降低会使癌症发病率升高。多项研究证实，熬夜与乳腺癌、结肠癌等疾病风险的提升存在紧密联系。

比如，女性长期熬夜会导致月经紊乱；儿童长期熬夜会影响生长激素的分泌，导致一系列成长问题；肠胃不好、有肝病的人熬夜，会加重病情，病情严重还会反过来影响睡眠质量，导致肠胃、肝脏疾病进一步恶化。

(4) 引发神经衰弱。正常情况下，人的交感神经应该是夜间休息、白天兴奋，这样才能支持人一天的工作，而熬夜者的交感神经却是在夜间兴奋。晚睡、熬夜后的第二天白天，交感神经难以充分兴奋，会使人没有精神、头昏脑胀、记忆力减退、注意力不集中、反应迟钝、健忘，以及头晕、头痛等。时间长了，还会出现失眠、神经衰弱等更加严重的问题。

(5) 视力下降、干眼症。晚睡、熬夜对眼睛的伤害可不只是出现“熊猫眼”那么简单。长时间超负荷用眼，会使眼睛出现疼痛、干涩等问题，甚至使人患上干眼症。

此外，现在很多人会在睡前看手机，由此造成的眼肌疲劳会导致视力下降。长期熬夜造成的过度劳累还可能诱发中心性视网膜炎，导致视力骤降。

(6) 皮肤干、易长斑。晚上 11：00 点到第二天凌晨 3：00，胆、肝这两个器官如果没有得到充分的休息，皮肤上就容易出现皮肤粗糙、脸色偏黄、长黑斑和青春痘等问题。

(资料来源：节选自“江西共青团”微信公众号)

活动拓展

活动主题：冥想放松，助睡眠

【活动目标】

通过放松训练，减少精神和躯体的紧张以治疗失眠，进而改善睡眠。

【活动准备】

音乐播放器、轻音乐。

【活动过程】

(1) 躺在床上，找一个舒服的姿势闭上眼睛，自然呼吸。

(2) 播放一些平淡而有节律的轻音乐。

(3) 可以想象自己的眼前是绿色的山包或辽阔的草原，有微风徐徐吹来，让人有一种说不出来的舒畅的感觉。这个时候，放慢自己的呼吸节奏，你会感觉自己就像飘浮在半空中一样，身轻如燕，慢慢地就会产生昏昏欲睡的感觉，此时可以快速入睡。

还可以幻想自己仰卧在一个水清沙白的海滩上，沙细而且很柔软，舒适的太阳光照射到自己的身上，浑身都觉得暖洋洋的，耳边响起一阵阵优美的海浪声，闭上眼睛安然地躺在大自然的怀抱中，慢慢地就会睡着了。

【小组分享】

今天的活动中，你体会到了什么？有什么收获？

【注意事项】

(1) 选择没有歌词的音乐。

(2) 冥想时尽可能想象一些比较熟悉或比较向往的景象，不要想象过于刺激的内容。

第六章　交往有术

第一节　做个受欢迎的人

心灵故事

一个小村庄里住着一位丑姑娘，村里的人常常讥笑她，甚至给她取了一个绰号：丑小鸭。每当别人这样叫她时，她都非常生气，有时气得放声大哭，她很不喜欢别人如此嘲笑她。有一天，当她又为别人的嘲笑在那里痛哭时，有一位慈祥的老人经过，问明她痛哭的原因后，老人告诉了她一个让自己变漂亮的秘方：

第一，脸上常常挂着笑容，逢人就亲切地打招呼。

第二，不要管自己的外表，绝不自怨自艾。

第三，乐于帮助别人，有一颗善良的心。

老人告诉她，只要切实遵守这三点，三个月后她一定会变成村中最美丽的姑娘。丑姑娘听了老人的话，全心全力地实践这三点。没过多久，她果然成为全村人最受人喜欢、最有人缘、最受欢迎的姑娘了。

作为一个学生，如果你与同伴合作良好，能够获得大家的支持，那么你就会心情舒畅；学习成绩也会上升；相反，如果你不与同学交往，受到大家的排斥，就会缺乏安全感，产生严重的焦虑、自卑等不良心理，甚至影响正常的生活和学习。所以，我们要努力使自己成为一个受欢迎的人。

典型案例

小克的烦恼

我叫小克，平时学习认真，成绩在班里名列前茅，而且是“三好生”，老师特别喜欢我。但是不知道为什么，班上的同学却不喜欢我，他们不愿意接近我，并且总在背后说我是“马屁精”，说我经常向老师打小报告，其实我只是偶尔跟老师说说自己的想法。我觉得同学们都在虚度光阴，一下课就只知道聊明星、聊游戏。有的时候，我劝他们与其把时间花在这些无聊的娱乐上面，还不如多花点时间学习，但可气的是我的好心没好报，常常遭到同学的白眼。下课的时候，我一个人坐在座位上，没人搭理，其他同学聚在一起聊天、玩闹，好开心的样子，我好羡慕他们，有几次想加入他们，却怕遭受冷眼。我很孤独、很疑惑，为什么大家都不愿意跟我玩呢？

【想一想】

同学们，你们在校园生活中遇到过与小克类似的困惑吗？你是一个受人欢迎的学生吗？

测一测

在学校里，你是受欢迎的人吗

在学校里，我们每个人都渴望自己成为一个人际关系很不错的人，身边有一群“死党”，受到别人的尊重和欣赏，如果再能得到异性的崇拜，那就更加完美了。现在，我们就来测一测自己是不是一个受欢迎的人。

以下各题中，每题有三个选项：A，是；B，否；C，很难说清楚。请根据实际情况作答。

(1) 班级里总会有找你问作业、问事情的人，且很多都是自己不常交流的同学。

(2) 上学路上常常碰到自己的同学，而且都是别人先看到我，和我打招呼。

(3) 老师提问我时，如果我刚好走神，常常会有人帮忙告诉我问题的内容，无论我答得好或者不好，同学们都没有太大的反应。

(4) 我总能找到和我兴趣差不多的聊天对象。

(5) 很多人都记得我的生日，我生日那天常常会有小小的意外惊喜发生。

(6) 老师很喜欢我，不一定总表扬我，但从不批评我。

(7) 我很少说“这个我也看过……”“我还知道……”“你不知道啊……”等类似的话。

(8) 我的手机里有很多同学的电话，有时别人找不到电话都会问我，我也很乐意帮忙。

(9) 我常常被邀请参加别人的生日聚会。

(10) 假如毕业了，我会很怀念我的老同学，不是一个人，而是很多人。

(11) 我觉得很多人不理解我，很多人和我的想法不一样。

(12) 我感觉同学们都有病，很难交流。

(13) 我不喜欢和家里人说学校的事，也没有什么可说的。

(14) 放假时，我喜欢自己在家，即使有人约我，我也不是很想出去。

(15) 我觉得大家讨论的话题都是那么幼稚、可笑，我八百年前就清楚了。

(16) 同学穿了一身名牌衣服，虽然很多人都觉得漂亮、帅气，但我怎么看都是冒牌货。

(17) 老师又表扬某人，我和同桌说：“看，他又开始嘚瑟了！”

(18) 同班同学中，我的朋友看起来很多，但每段时期我最好的朋友都不是同一个人。

(19) 考试了，我的朋友的考试成绩比我好很多，他平时的成绩都不如我，我感觉这次他的成绩有水分。

(20) 我的朋友和其他同学发生了冲突，我安慰他，说了很多那个同学的缺点和不好的地方。

【测试说明】

(1)～(10)题：选 A 计 2 分，选 B 计 0 分，选 C 计 1 分；(11)～(20)题：选 A 计 0 分，选 B 计 2 分，选 C 计 1 分。

得分越高，说明你越受人欢迎。得分较低，说明你常常会嫉妒他人，每次都会觉得别人能做的事情自己也能做，但自己总抓不住机会；你没有特别欣赏的人，总能看到身边人的不足之处，你常常会觉得自己为朋友付出很多，但他们没有为你做什么。你现在首先要做的就是换位思考，想想如果你是对方，你会和自己交朋友吗？

知识导读

受欢迎的同学的特征

助人为乐：能够很热心地帮助别人，也不计较个人的得失，这就是助人为乐的体现。在你不断帮助别人的时候，别人会对你有一个很好的印象，会对你渐渐产生一个积极、正面的看法，自然也愿意积极、主动地与你交往，并与你发展成为朋友关系。

为人大方：没有人会喜欢抠门、吝啬的人，也没有人会喜欢那些老是占别人便宜的人，更没有人喜欢那些因为一点小事就斤斤计较的人。因此，大方的人往往会受同学们的欢迎。

注重形象：没有人会喜欢那些穿着邋遢、行为习惯不好的人。具体来说，就是穿着得体、干净朴素、符合学生形象的人容易受同学们欢迎。爱清洁、讲卫生、有礼貌就是注重形象的最好体现。

甘当配角：利用对对方的了解使对方成为互动时的主角，自己甘愿扮演配角，对方就会对你产生好感。如果你希望别人喜欢你，你就要尊重别人，让对方认为自己是一个重要人物，以满足他们的成就感。在表现自我的时候，需要有谦虚的心态，不要让使对方产生相形见绌的感觉。放低姿态，表现得谦虚一点儿，使对方感到受尊重，这样更容易受到对方的欢迎。

机智幽默：机智是以智力为基础的，凭借机智可以把不相关的事情关联在一起，引发他人的兴趣。幽默并不是在用字遣词上故弄玄虚，而是得体的玩笑。适当的幽默可以引起他人的兴趣，缓和紧张的气氛。机智运用得法，可以使人消除敌意，赢得别人的喝彩。

真诚待人：尔虞我诈的欺骗和虚伪的敷衍都是对同学关系的亵渎。真诚不是写在脸上的，而是发自内心的，伪装出来的真诚比真正的欺骗更令人讨厌。

策略训练

策略一：学会尊重他人

俗话说："种瓜得瓜，种豆得豆。"这条朴素的哲理也可以运用到人际交往中，可以说，你处处尊重别人，得到的回报就是别人处处尊重你，尊重别人其实就是尊重自己。

无论与你交往的人身份多么卑微，形象多么猥琐，言行举止多么怪异，爱好或习惯多么让你难以接受，你始终能尊重他，平等待人，你就能获得他对你的尊重。这一点说起来容易，做起来很难。毕竟我们不是圣人，不可能彻底摆脱世俗的影响。我们需要意识到自己的局限性，时刻提醒自己以平等心待人，如此则会建立较好的人际关系。

策略二：学会倾听并恰当地给予反馈

在与人交谈时，注意力要集中，积极倾听对方的讲话，不时地给予适当的反馈和提问。

合格的倾听行为应该是怎样的呢？下面介绍几个要点。

(1) 眼睛注视说话的人，始终将注意力集中在别人讲话的内容上。不要打断对方，在对方未提问时，不要随便发表自己的看法。

(2) 用点头、微笑表示理解对方的想法。如果不赞同对方的观点，仍要保持尊重的态度，可以适时加入一些表示听清楚的短语，如"是吗""我明白了""原来这样"等。

(3) 引申话题，重述对方的意见，或提出恰当的问题鼓励、帮助讲话者完成他的叙述，如"后来又怎么样呢？""那你一定气坏了！""既然如此，你以后打算怎么办？"

(4) 有耐心。在别人说话内容较多、较长或言语不简洁时，不要随便打断对方发表自己的看法，应等别人说完再发表不同意见或做补充，表达自己意见时也要以"我认为"

“我想补充一下”等比较温和的方式。

策略三：学会宽容和谅解

人与人的交往中难免会出现磕磕碰碰的现象，学会大度和宽容可以使自己拥有良好的人际关系。要知道，“人非圣贤，孰能无过”，不要对别人的过错耿耿于怀。生活的路，因为有了大度和宽容，才会越走越宽，而心胸狭隘则会把自己逼进死胡同。

学会原谅别人，能避免许多烦人的纠纷，让自己人缘更好。古语曰：“水至清则无鱼，人至察则无徒”，说的也是这个道理。容人者，人容之。但原谅不是无原则的忍让，也不是被人随意欺负。

反观自我

问一问

(1) 我在班级里的知心朋友有谁?

(2) 班上有多少人对我是比较认可的?

(3) 我曾经为同学们付出过什么?

(4) 我应该从哪些方面着手让自己更受大家的欢迎呢?

想一想

阅读下面的小故事，说说你受到了什么启发。

善于倾听，做最有价值的人

曾经有一个小国派遣使者到一个国家，进贡了三个一模一样的金人，这可把这个国家的皇帝高兴坏了。可是，这个使者同时出了一道题目：这三个金人中，哪个最有价值?

皇帝想了许多办法，请来珠宝匠检查，称重量，看做工，都是一模一样。怎么办呢?最后一位老大臣说他有办法。

老大臣胸有成竹地拿出三根稻草，插入三个金人的耳朵里，第一个金人，稻草从另一边耳朵出来了；第二个金人，稻草从嘴里出来了；而第三个金人，稻草进去后，掉进了肚子里，而且什么响动都没有。老大臣说，第三个金人最有价值。使者连连点头，表示答案正确。

这个故事告诉我们，最有价值的人不一定是最能说的人，上天给我们两个耳朵和一个嘴巴，本来就是让我们少说多听。

善于倾听，才是一个成熟的人最基本的素质。

(资料来源：http://tieba.baidu.com/p/4237418763)

活动拓展

活动主题：发现好人缘

【活动目标】

让学生了解有好人缘的人有哪些特点，找到自己的优势和不足。让学生体验快乐交往的感受，增进班级同学的人际关系。

【活动准备】

每人一张彩色签名纸。

【活动过程】

1. 发现好人缘

(1) 让学生分小组讨论，结合身边的例子，讨论有好人缘的人所具有的特点。

(2) 反思自我，找出自己人际关系中的优势和不足。

(3) 让学生分享自己的观点和感受。

2. 快乐的互动

(1) 每个同学拿出事先准备好的签名纸，让其他同学签名。

(2) 教师调查，看看哪些同学得到的签名最多。

(3) 让学生展示自己得到的签名，分享自己得到签名后的感受。

【注意事项】

(1) 分小组讨论开始前，提醒学生找到自己人际交往中的优点。

(2) 分享时，要照顾到在人际交往中感到自卑的学生，给他们表达的机会。

(3) 鼓励学生离位找更多的学生签名，这时，班级纪律会有些乱，要注意把控现场秩序。

第二节　慧眼识人

心灵故事

春秋战国时期，著名的军事家孙膑与庞涓同窗学艺，结为至交。两人学成以后先后下山，老师暗示孙膑，说庞涓心胸狭窄，不可深交，孙膑却不以为意。庞涓知道孙膑才智超过自己，心存妒忌，唯恐孙膑威胁自己的地位，就起了谋害之心，暗中诬陷孙膑私通外国，将其刖足黥面。善良的孙膑被蒙在鼓里，在双膝膝盖被割去的情况下，还全心全意地为庞涓默写《孙子兵法》。直到庞涓的一位家丁仗义执言，孙膑才获知真相，如梦初醒。后来，孙膑装疯逃出魔爪，最终报仇雪恨。孙膑误交了庞涓这样的恶友，虽然逃脱一死，但毕竟身心遭受了巨大的创伤。身为高中生的我们应当认识到，结识值得结识的人会对我们的个人发展产生助力，反之则会阻碍我们的个人发展，严重的还有可能让自己像孙膑一样身陷险境。

典型案例

“哥们”义气要不得

小宋同学进入高中后，到了一个新环境，班上都是新同学，原来初中的朋友都不在身边，他感到非常孤单。偶然的一次机会，小宋认识了校外的朱某。朱某经常请小宋吃东西，周末还经常带小宋出入 KTV，在朱某的介绍下，小宋认识了社会上的大哥，加入了一个当地的俱乐部。同学们私下都劝小宋远离朱某，不要被朱某带坏了。小宋却认为，朱某待自己像亲兄弟一样，为人仗义，讲义气，是难得的好朋友。后来一次玩的过程中，朱某带着小宋去一家超市偷东西，并且让小宋帮忙把风，小宋一下子慌了，不知道怎么办才好……

【想一想】

进入高中以后，你是否也像小宋一样，感到孤独无助？你是否也曾像小宋一样结交了不该结交的人？你的识人能力如何呢？

测一测

识人能力小测试

下面的 10 个问题是根据国内专家的心理测验改编的，目的是测试自己的识人能力。每题有三个答案：A，情况符合；B，很难说；C，情况不符合。请根据自己的实际情况作答。

(1) 我觉得要成为我的朋友，只要学习成绩比我优秀就行，没有任何其他要求。

(2) 我觉得我的朋友基本上都能够对我的进步提供一定的帮助。

(3) 我绝对不能接受我的好朋友和其他人一起走路。

(4) 我认为好朋友应该能相互理解，彼此有独立空间。

(5) 我认为做人就要像电影里的古惑仔一样，能为朋友打抱不平。

(6) 如果好朋友考试作弊且没有被老师发现，我会主动指出他的错误。

(7) 如果好朋友值勤时，将我迟到的情况写在了班级日志里，我无法原谅他。

(8) 我会选择性格、兴趣和我比较接近，且对我有所帮助的人成为朋友。

(9) 当朋友受到别人的“欺负”时，我往往二话不说，挽起袖子就冲上前去，帮朋友打架，为他出一口气。

(10) 班级里有人故意乱丢垃圾，一位同学知道后主动将情况告诉了老师，我非常赞同这位同学的做法。

【测试说明】

1. 计分

(1) 统计选 B 的数量，若超过 4 题，作答无效；

(2) 单号题：选 A 计-1 分，选 B 计 0 分，选 C 计 3 分。

(3) 双号题：选 A 计 3 分，选 B 计 0 分，选 C 计-1 分。

2. 结果解释

得分越高，则越说明你具有正确的交友观，慧眼识人能力较好；得分越低，则越说明你的识人能力有待提升。

知识导读

慎重选择朋友

人与人交往是一种正常的社会现象。人一生的成长、发展、成功、幸福离不开社会，人一生的愉快、烦恼、快乐、悲伤、爱与恨也同样离不开与其他人的交往。没有与他人的交往，就没有人生的悲欢离合，也不会产生文学、艺术和科学。因此，与人交往不仅是每个人生活的基本组成部分，而且也是建构人类文明的基础。

常言道：“近朱者赤，近墨者黑”，“与恶人居，如入鲍鱼之肆，久而不闻其臭，亦与之化矣”，也就是说，朋友对我们的成长具有潜移默化的影响。而青少年阶段正是性格、行为习惯和人生观、世界观形成的关键时期，受其他人的影响较大，所以结交朋友需要慎重。

俗话说，“物以类聚，人以群分”，我们在交朋友的时候，可能更乐于跟自己志同道合的人或者在兴趣、观点方面与自己有相似之处的人交往，如此能找到彼此之间许多的共同点，有说不完的共同话题，也更容易产生心灵上的共鸣与情感上的支持。但是把交往对象局限在与自己相似的人的范围内并不够，有时候，互补也是挑选朋友的一个标准。与其他人在某些方面的差异可以使你感受到心与心的碰撞，收获平常未知的体验，拓展自己的视野，帮助自己更深刻地了解自我。如果你的朋友在某方面比你强，则能弥补自己的某些不足，帮助自己更好地生活、学习。

当然，我们还需要从人品和道德方面挑选朋友。孔子曾说：“益者三友，损者三友。友直，友谅，友多闻，益矣；友便辟，友善柔，友便佞，损矣。”也就是说，正直的、诚实的、见识广博的朋友对我们有帮助，而性格暴躁的、优柔寡断的、心怀鬼胎的朋友则会对我们产生不良的影响。孔子的择友观对我们很有启发意义。所以我们在交友的时候，内心要有一个明确的基本标准，对于那些心理阴暗、斤斤计较、性情暴躁的人，保持一定的礼仪就行了，没有必要深入交往；而对于那些心地善良、知识广博的人，则要努力成为他们的朋友。

择友小窍门

1. 学会观察

交友时，可以观察对方的着装、礼仪、言谈举止、有无不良嗜好，进一步判断对方的品性。千万要小心那些向你施以小恩小惠，口头称赞、吹捧你的人。

2. 学会说“不”

假如要拒绝你认为是损友但又是你认识的人的邀约，可以采用一些技巧，问清楚他找你做什么、什么时间、什么地点，对于不合理的邀约和不合法的活动要坚定、勇敢地说“不”，建议他做点别的事，并找借口离开他们。

3. 学会保护自己

当面对陌生人的恐吓、勒索时，首先要权衡利弊，最重要的是保护自己不受伤害，其次才是财物，可婉言拒绝或找借口拖延，以寻求脱身机会。要牢记加害人的姓名、特征，发生的时间、地点，事后迅速报告老师、警察、家长，以便及时处理。

策略训练

策略一：学会远离损友

武则天在位时禁止天下屠杀牛羊、捕捉鱼虾。张德因其妻生子，私下杀羊宴请同僚，也请了杜肃。杜肃赴宴后，表面上很亲热，散席后却偷偷带回一个肉饼，暗中向武则天告密。武则天问明情况后，宽恕了张德，并对他说：“天下禁杀，红白喜事不在其中，不过，你今后交朋友，应该有所选择。”说罢，将杜肃的告密奏章公之于众，杜肃臊得无地自容，满朝文武都欲“唾其面”。

损友，指对自己的道德品行产生不良影响的朋友。损友会在不知不觉中对我们产生不良的影响，所以，我们要远离损友。

策略二：重视结交诤友

诤友，指能够直言不讳地指出自己的错误，批评、帮助自己的朋友。真挚的友谊，不仅表现在能与朋友共享欢乐，能为朋友排解烦恼，能替朋友分担不幸，还表现为对朋友的缺点和错误能进行坦率地批评与诚恳地劝告。乐交诤友需要具备听取逆耳忠言的度量和知错必改的勇气。也正因为朋友间敢于互相批评，友谊才倍显纯洁和珍贵。因此，面对朋友直言不讳的批评，我们一定不要生气，也不应因此记恨朋友，而应该欣然接受，并且衷心地感谢朋友，做到乐交诤友。

策略三：善于结交益友

益友，指能够帮助自己上进的朋友。这里所说的帮助，不仅包括品行方面，也包括知识学习等方面。我们应该与那些能够帮助自己进步，能够在某些方面给自己以良好影响的人交朋友。在生活中，人人都希望自己能够结交益友，让友谊的力量来为自己的进步助一臂之力。那么，我们每个人也应该努力完善自我，争取成为他人心目中的益友。

善交益友、乐交诤友、远离损友，既是我们交友时的策略，也是我们交友的三原则。掌握好这三个原则，我们才能拥有高品质的友谊，对我们一生的发展起到积极的推动作用。

反观自我

问一问

(1) 我认为我的朋友大多属于什么样的人？

(2) 我从我的好友那里学到了什么？是刻苦、努力、勤奋、坚强，还是目空一切或只讲究吃穿打扮？

(3) 如果我有一个经常旷课、上网、打架的朋友，我应该将他拉上岸，还是和他一起下水？

想一想

阅读下面的小故事，说说你受到了什么启发。

益者三友

子曰：“益者三友，损者三友。友直，友谅，友多闻，益矣；友便辟，友善柔，友便佞，损矣。”(《论语·季氏》)孔子十分重视交友，认为人成长过程中，朋友的影响至关重要。他教育自己的学生要结交好的朋友，对于不好的朋友要果断远离。所谓“益者三友”，就是“友直，友谅，友多闻”，即正直的朋友、诚实的朋友、见识广博的朋友。

第一，友直。直，指的是正直。朋友首先要正直，为人坦诚、光明磊落，不阿谀奉承，没有一点谄媚。在你怯懦的时候，他是你最坚实的后盾；在你犹豫的时候，他为你指引前进的方向，为你提供前进的动力。这样的朋友是益友。

第二，友谅。谅，信也。信，就是诚实。这样的人为人厚道、诚恳，不虚伪、不做作。和这样的人交朋友会特别心安，与之处世也会觉得特别稳妥。

第三，友多闻。闻，见识。这样的朋友见多识广，知识面广阔。

管仲和鲍叔牙在很年轻的时候就已经是好朋友。管仲家比较穷，于是和鲍叔牙合伙做生意。赚到了钱，管仲总是拿得比较多，鲍叔牙总是拿得比较少。有人就对鲍叔牙说："管仲这个人太贪心了，不值得交往。你看，每次做生意赚了钱，他总是分得更多。"鲍叔牙就笑着说："不是这样子的，他家比较穷，有个老母亲要奉养，不拿多一些，怎么能养活老夫人呢？再说了，是我自愿多分一些给他的。"别人从此也就无话可说了。

后来，管仲连续三次做官，三次都被罢免，有人说："管仲的能力实在太差了，连个小官也当不好。"鲍叔牙又说："他不是当不好官，他是没遇到适合他的机会而已。"

管仲当过兵，每次打仗之时，遇到战斗，管仲总是躲在队伍最后面；撤退之时，又总是跑在队伍最前面。有人骂管仲胆小怕死，鲍叔牙又摇着头说道："管仲不是怕死，他家里还有个老母亲，他如果死了，老夫人要依靠谁呢？所以他不是怕死，他是不能死。"

这些话让管仲知道了，他感叹地说："生我、养我的人是父母，了解我的人却是鲍叔牙啊！"于是便和鲍叔牙结成生死之交。后来，人们常常用"管鲍之交"来形容自己与好朋友之间彼此信任的关系。

(资料来源：https://www.leshui365.com/c15368/push/245256.html)

活动拓展

活动主题：情景剧表演

【活动目标】

引导学生反思日常交友习惯，掌握正确交益友、拒绝交损友的方法。

【活动准备】

多媒体、简单排演情景剧《咱俩多铁啊》。

【活动过程】

1. 学生表演情景剧《咱俩多铁啊》

剧情内容如下：

瘦小的学生王森是一个受气包，李志龙和孟超揍他，郝腾飞替他出气、撑腰；王森饿了，郝腾飞自己掏钱给他买吃的；王森谢郝腾飞，他却说："甭谢了，咱俩多铁啊！"久而久之，两个人经常在一起，郝腾飞去学校搞破坏，砸玻璃、偷书，王森赶紧帮忙；郝腾飞旷课、打架，王森也跟着去；郝腾飞打劫、勒索，王森帮着拳打脚踢。最后，这对铁哥们儿双双进了派出所。

2. 我的体验

请参加表演的同学谈谈表演过程中自己的感受如何。

3. 小组讨论

(1) 损友的一般特征都有哪些？

(2) 当交友不慎时，如何拒绝他们提出的无理要求？

(3) 交友的过程中，我们需要注意什么？

4. 全班交流

各小组将讨论的观点适当总结后，选出一位代表在全班同学面前进行分享。

【小组分享】

今天的活动中，你体会到了什么？感受到什么？想到了什么？分享一下你的心得。

【注意事项】

(1) 观看情景剧时，应保持安静，不允许发出声音。

(2) 学生表演时，应尽量使自己融入情境中。

(3) 要引导同学积极分享，这个环节一定不能少。

第三节　合作至上

心灵故事

蚂蚁是很不起眼的小动物。一天，蚂蚁的驻地遭到了蟒蛇的攻击，这对渺小的蚂蚁来讲就是灭顶之灾。就在危急关头，数亿只蚂蚁爬上周围的大树，抱成团，从树上倾泻下来，砸在巨蟒身上。巨蟒被蚂蚁裹住，变成了一条“黑蟒”，并因数亿只蚂蚁的撕咬失血过多而死亡。蚂蚁们拥有了能让它们一年衣食无忧的巨蟒，决定把它带回蚁穴。近亿只蚂蚁不费力地把巨蟒扛起来，但却没有移动，因为它们的行动不协调：有的向左，有的向右，有的向前，有的向后。于是蚁王爬上大树，说：“你们的目标是把巨蟒扛回家。”最后成功完成了搬运。

蚂蚁们团结合作，依靠集体的力量战胜了巨蟒，可见，合作可以产生巨大的力量。那么，你会合作吗？

典型案例

我们都那么能跑，为什么小组成绩不理想

小军是某中学高一年级的跑步健将。校运动会上，他精心挑选了班级另外 3 个善于短跑的男生参加 200 米接力跑项目，力争在此项目夺得第一，为班级争荣誉。于是 4 个人都信心满满地做着预备活动，在讨论接力顺序的时候，他们各执己见，都觉得自己很厉害，因此最后还闹得有点不愉快，于是便随意安排了顺序，当然也没考虑到交接棒时怎样才最省时的问题……比赛结束后，他们的成绩排在第 3 名。看到这个成绩，大家都傻眼了，想不通为什么小组中每个队员的短跑能力都很强，一起组队参加比赛，成绩却不理想？

【想一想】

在我们平时的学习和生活中，有没有出现过类似上述案例的情况：自己某方面能力很强，个人单项比赛时，最高奖项总非你莫属，可是一旦参与团体比赛，成绩往往达不到自己理想的效果；又或是相反的，每个人的单项成绩都不理想，却总能在团体比赛中取得好成绩。这是为什么呢？

测一测

你是一个很好的团队合作者吗

以下 12 道题目可以测试你的团队协作情况，请根据自己的真实情况进行作答：A，总是这样；B，经常这样；C，有时这样；D，很少这样；E，从不这样。

(1) 主动表达自己的观点、意见、感受和信息，以帮助小组讨论。

(2) 从其他成员那里征求信息、观点、意见和感受，以帮助小组讨论。

(3) 提出小组后面的工作计划，并提醒大家注意需要完成的任务。

(4) 集中小组成员所提出的观点或建议，并总结小组所讨论的主要论点。

(5) 带给小组活力，鼓励小组成员努力工作以完成目标。

(6) 要求他人对小组的讨论内容进行总结，以确保他们理解小组决策。

(7) 鼓励并愿意听取所有小组成员的观点，让他们知道自己珍视他们的贡献。

(8) 利用良好的沟通技巧帮助成员交流，以保证小组成员明白他人的发言。

(9) 讲笑话并建议以有趣的方式工作，借以减轻工作过程中的紧张感。

(10) 观察小组工作方式，根据自己的观察和大家讨论如何更好地工作。

(11) 促成意见有分歧的小组成员进行公开讨论，以协调思想、增进凝聚力。

(12) 向其他成员表达支持、接受和喜爱，对有贡献的成员给予适当的赞扬。

【测试说明】

计分方法：选 A 计 5 分，选 B 计 4 分，选 C 计 3 分，D 计 2 分，选 E 计 1 分。

(1)～(6)题为一组，(7)～(12)题为一组，两组得分用(x, y)的方式表达。

我的总分是______________。

结果解释如下。

(6，6)：你只为完成工作付出了最小的努力，总体上与其他小组成员十分疏远，在小组中不活跃，对其他人几乎没有任何影响。

(6，30)：你十分强调与小组保持良好关系，为其他成员着想，帮助创造宽松、友好的工作气氛，但很少关注如何完成任务。

(30，6)：你着重于完成工作，却忽略了维护关系。

(18，18)：你努力协调团队任务的完成与关系的维护，使两者达到了平衡。你应继续努力，创造性地将任务的完成与关系的维护结合在一起，以促成最优生产力。

(30，30)：祝贺你，你是一位优秀的团队合作者，并有能力领导一个小组。

如果你得分比较低，也不要气馁，只要参照策略训练的内容进行练习，合作能力就会有所提高。

知识导读

合作的含义

合作是指群体成员一起活动以实现共同目标的行为。这些目标通常是无法通过个人努力而实现的。在合作条件下，彼此之间表现为团结协作、亲密友好的关系，这是个体间协调作用的最高水平的行为。

合作的条件

成功的合作需要具备的基本条件如下。

(1) 一致的目标。任何合作都要有共同的目标，至少有短期的共同目标。

(2) 统一的认识和规范。合作者应对共同目标、实现途径和具体步骤等有基本一致的认识。在联合行动中，合作者必须遵守共同认可的社会规范和群体规范。

(3) 相互信赖的合作气氛。创造互相理解、彼此信赖、互相支持的良好气氛是有效合作的重要条件。

(4) 具有合作赖以生存和发展的一定物质基础。必要的物质条件(包括设备、通信和交通器材或工具等)是合作能顺利进行的前提。空间上的最佳配合距离，时间上的准时、有序，都是有效合作的基础。

策略训练

策略一：合作学习需要小组成员的积极互赖

在合作学习的情景中，积极互赖指的是学生们要认识到彼此不仅要为自己的学习负责，而且还要为所在小组的其他同伴的学习负责。学生具有“人人为我，我为人人”的意识，彼此之间优势互补，为达成小组目标献计献策。

积极互赖需要彼此的真诚和各自想法的准确表达，这样小组成员才能理解彼此的想法，更好地为达成小组目标努力。具体的策略是建立积极的目标互赖、奖励互赖、角色互赖、资料互赖。

策略二：合作学习需要组内成员发挥面对面促进性互动的效用

促进性的互动是指学生相互鼓励和支持，彼此为取得良好成绩、完成任务、达成目标等而付出的努力。在课堂上通常表现为：个体互相提供足够和有效的帮助；交流各自所需的信息和材料；互相提供反馈信息；对彼此的结论进行质疑等。为使互动富有成效，小组规模不能太大，三至四人为宜。

面对组员的鼓励和支持，其他人需要正确地倾听和接纳。合作是集结成员所有的智慧去完成的，单凭一己之力无法完成，所以接纳别人的思想和认真听取别人的观点是至关重要的，这样才能与自己的思想碰撞出智慧的火花，生成更多、更新的方法。

策略三：强烈的个体责任感是发挥合作学习最大价值的根本

合作学习的个体责任感指每个学生都必须在组内承担一定的任务，并完成所分配的任务。个人任务的明确有利于避免有的学生不劳而获的“搭车”行为，同时也是对后进学生的鼓励。

强烈的个体责任感有利于自身在组内发挥自己的优势潜能，找到自己对集体的价值，从而调动自己的积极性和主动性，发挥合作学习的最大优势。

反观自我

问一问

(1) 合作对我而言重要吗?

(2) 我有哪些优势可以在合作中发挥呢?

(3) 自己在合作上缺少哪些应有的品质?

(4) 要想在合作中取得胜利，你觉得最重要的一点是什么？为什么?

想一想

阅读下面的小故事，说说你受到了什么启发。

是什么成就了诺贝尔奖获得者屠呦呦

“以人为镜，可以明得失”，借鉴前人或当代人的人生经历，“见贤思齐焉”，人生就会少走弯路，就会走得更好、更稳、更远。诺贝尔奖获得者屠呦呦的人生经历可以带给年轻人许多启示，值得借鉴。

奉献精神是让人生丰满的基本特征。“小人喻于利，君子喻于义”，小人和君子在此没有道德标签的作用，只是区别各自选择的标准之一。追求个人的正当权利无可厚非，但是单纯的利益不具备推动人一生努力的能量，只有奉献精神才是推动人不断前进的不竭动力。屠呦呦教授获得诺贝尔奖之后，张伯礼院士写了一首词——《浪淘沙·诺奖》，其中有“埋头干事何顾它，呦呦晚鸣”之句，生动地阐述了奉献精神推动屠呦呦教授在艰难困苦中不懈追求，取得了骄人成就。

团队精神是让人走得更远、更高的必备条件。屠呦呦教授在获得诺贝尔奖后接受记者采访时说:“这个奖项是颁发给中国科学家群体的。”她在参加会议时说:“全部的研发团队大协作，努力促进了青蒿素的研究、生产和临床(试验)，解决了当时国内外大量的工作没有得到结果的耐药性疟疾的治疗问题。”屠呦呦教授在演讲中始终贯穿并肯定了团队协作工作的方式，张伯礼院士提出“协作会战兴，递补相竞”，也点名了团队精神的重要性。屠呦呦教授对团队的尊重和投身到团队中的经验，值得年轻人学习。“若想走得快，一个人走；若想走得远，一群人走”，跟团队一起走，团队成员互相学习，互相鼓励和弥补不足，就会走得更远、更高。

尊重传统是屠呦呦教授取得成功的重要秘诀之一。青蒿素的发现和青蒿素的提取方法，在很大程度上得益于屠呦呦对传统医学深刻的认识。屠呦呦在一次演讲中提到，“一千多年前，《肘后备急方》记载的内容很简单，就是青蒿一把，加水研磨一下，压出来的水喝下去。”这句话给她很大启发，并以此为发散点，进而获得很大成功。屠呦呦教授在传统医药学中获得巨大启发，采取了正确的实验方法，她承认中医药是宝库，但要用现代科学进行研究，也就是清醒地尊重，扬弃地继承。对于年轻人而言，就是尊重和热爱传统文化，在传统文化中汲取营养，在思想和文化层面不断积淀，推“陈”出新，不断达到人生的新境界。

当然，屠呦呦教授身上具有很多有助于成功的因素，而正是这些因素之间不断地整合、渗透，才使她取得今天的成就。年轻人应该努力寻找并打造能支撑自己实现高远追求的品质和性格，让自己的人生更精彩，为国家、民族、社会做出更大的贡献。

(资料来源：https://zhidao.baidu.com/question/ 2012474894007431588.html)

活动拓展

活动主题：解开千千结

【活动目标】

让学生在与队员相互配合、齐心协力、克服困难的过程中深刻体会沟通的重要性，同时认识到团队的智慧强于个人的智慧，团队可以创造出很多奇迹。

【活动准备】

开阔的场地。

【活动过程】

(1) 第一次 8 人一组，第二次 12 人一组。

(2) 组员手拉手围成一个圆，记住左手和右手分别拉的是哪位同学，然后将手松开，在圆内随意走动，将顺序打乱。

(3) 每组选择一个队员当组长，组员在圆内走动一圈后，组长喊停，组员听到口令后必须原地不动。

(4) 每个人按开始时的顺序找到自己左手和右手分别拉的同学并牵好手后，就会形成一团麻花结。想办法在不松手的情况下将结解开，回归到一开始手拉手围成圆圈的样子。

【小组分享】

(1) 为什么有的小组没有形成结？

(2) 为什么有的小组回归原位时，有些人面向圆外？

(3) 遇到解不开的结，你们想过松手放弃吗？聚集团体的力量把复杂的结解开是一种什么体验？

(4) 要想成功地解开结，组员应该注意什么？

【注意事项】

(1) 重新牵手时一定要注意左手牵的是左边同学的右手，右手牵的是右边同学的左手。

(2) 打乱顺序的走动，一定要在圆内走动(不能沿着圆圈走)，否则就不会形成结，或只能形成简单的、没有挑战性的结。

(3) 解结时一定不能松手，松手则游戏自动结束，要重新开始。

(4) 结全部解开，组员都手拉手并且每个人都面向圆内才算成功。

第四节　学会拒绝

心灵故事

古人云：鱼和熊掌不可兼得。要想吃鱼就必须拒绝熊掌的诱惑，要想吃熊掌就必须拒绝鱼的美味。人生很多时候也不可能两全，需要做出选择，有选择就注定有拒绝。学会拒绝，会让我们生活得更加幸福。

典型案例

我该不该自己先走

小张跟小王既是同桌也是好友，平时相处得很好，每天都一起去食堂吃饭，但是小王的动作有点慢，做事有点磨蹭。这天，小张觉得自己的事情有点多，数学还有两道题没弄明白，下午有个英语测试，她还想趁中午再多做两个阅读理解……下课铃声一响，小张拿了饭卡就想往食堂冲，可是小王还在整理东西，还说要去上个厕所，想着等下去食堂可能要排半天的队，小张更加着急了，想自己先走又害怕小王生气。但再这么磨蹭下去，估计今天中午的计划就要泡汤了……

【想一想】

如果你是小张，你是选择拒绝跟小王一起吃饭，还是自己苦闷纠结，继续焦急等待呢？

测一测

你有好人情结吗

根据自己的实际情况，选择合适的选项：A，不符合；B，符合。

(1) 生活中几乎每一个人都喜欢我，这对我极为重要。

(2) 我认为发生冲突一点好处都没有。

(3) 我应该始终把自己喜欢的人摆在第一位，而把自己的需求摆在第二位。

(4) 我希望自己能避开冲突和对抗。

(5) 我常常为他人做得太多，甚至听任自己被别人利用，就为了能不让别人不以其他原因拒绝我。

(6) 我需要别人的认可。

(7) 对我来说，接受有关自己的消极情感，这要比表达对于他人的消极情感容易得多。

(8) 对我来说，如果我为别人所做的一切能让他们需要我，那么我就不会被孤立。

(9) 我痴迷于帮助和取悦其他人。

(10) 我竭尽全力避免与家人、朋友或同学发生冲突和对抗。

(11) 在我为自己做任何事情之前，我多半会尽我所能地先让他人满意。

(12) 我几乎从来不会为了保护自己而跟他人对抗，因为我害怕激起愤怒或冲突。

(13) 如果我不再把他人的需求摆在第一位，那么我会变成一个自私的人，大家就不再喜欢我了。

(14) 不管跟谁正面对抗或冲突，都会让我感到非常焦虑，甚至会令我生病。

(15) 对我来说，即使是表达建设性的批评也非常困难，因为我不想让任何人生我的气。

(16) 我必须始终让别人高兴，哪怕不考虑自己的感受。

(17) 为了让自己被别人喜欢，我必须随时付出我的全部。

(18) 我相信好人会赢得他人的认可、喜爱和友善。

(19) 我必须满足他人对我的所有期望，绝不让他们失望，即使我知道他们的某些要求是过分的、无理的。

(20) 任何有可能会让别人生气的言行，都会让我感到非常焦虑和不安。

(21) 有的时候我感到，我为别人做那么多好事，似乎就是为了讨好他们，以“换取”他们的喜爱和友好。

(22) 我很少把事情推给别人做。

(23) 当我对别人的请求或者需要说“不”时，我会感到内疚。

(24) 要是我没能做到随时付出我的全部，我会觉得自己是个坏人。

【测试说明】

计分方法：A，计 0 分；B，计 1 分。请根据自己的选择，计算出总分。

结果解释如下。

16～24 分：说明你的好人情结根深蒂固，已经非常严重。你可能已经感受到，它在严重损害你的情感、生理健康，以及人际关系。幸运的是，你目前的痛苦可以成为改变自己的强大动力，不过，你必须马上行动，重新掌控自己的生活。

10～15 分：说明你已经有严重的好人情结。要打破这种有害的模式，你必须在它进一步恶化之前，专注、努力地做出改变。

5～9 分：说明你有不太严重的好人情结，你已经对自我亏待倾向有了一定的抵抗力，你要强化自己的意志力，争取完全摆脱它们。

0～4 分：说明你可能只有轻微的好人情结，甚至完全没有。

知识导读

拒绝别人的技巧

与人交往时，我们都害怕被人拒绝，同时也会害怕拒绝别人，尤其是朋友之间。原因有两个：一是怕丢面子；二是因为担心拒绝朋友的要求，那朋友就不再喜欢自己了，朋友就没得做了。所以常常会做一些自己并不喜欢的事情。

其实，良好的人际关系不需要对别人一味地迁就来维护，要敢于拒绝，善于拒绝。君子有所为有所不为，只要采取一些巧妙而委婉的拒绝方式，相信别人会高高兴兴地接受你的拒绝。

一般情况下，拒绝应该遵循的原则如下。

(1) 及早拒绝。为了避免伤害对方，绝不可以模棱两可、犹豫不决，要据实向对方表明你的态度，好让对方有所准备。

(2) 坚决拒绝。在拒绝别人的时候，态度要坚决。

策略训练

策略一：通过诱导对方，让其自我否定

在拒绝别人时，采用幽默的方式往往能使对方对我们的委婉回绝心领神会，从而避免了尴尬，一般能收到较理想的效果。有一个小故事：1972 年，美苏刚签署了限制战略武器的协定，一位美国记者就问基辛格："我们有多少潜艇导弹在配置分导式多弹头？有多少'民兵'导弹在配置分导式多弹头？"基辛格答道："我不确定正在配置分导式多弹头的'民兵'导弹有多少。至于配置分导式多弹头的潜艇导弹，我的苦处是，数目我是知道的，但我不知道是不是保密的。"记者说："不是保密的。"基辛格说："不是保密的吗？那你说是多少呢？"记者愣了一下，笑了。

策略二：通过延时来拒绝别人

当别人向我们提出请求时，如果我们能做到，就可以答应别人，但如果你感到这一请求超出了自己的能力范围时，我们当然可以回绝："不行，这个忙我帮不了！"也可以采用延时拒绝的方法，说："嗯，我先想想办法，看能不能办成。我一定尽快给你一个回复，你看怎么样？"过两天再打电话表示自己无能为力，这样至少不是"一口回绝"，说明自己已经尽心尽力了。有时候，被拒绝的人耿耿于怀的往往是别人拒绝时盛气凌人、官腔十足或漫不经心的态度。若是别人已经尽心竭力，即使被拒绝，被拒绝的人也不至于牢骚满腹。如果我们能注意到这一点，在人际关系处理中，就能够更加游刃有余。

策略三：通过假设的方式拒绝别人

有些时候，别人的请求你无法办到，可以采用假设的方法，虚拟出一个按对方要求可能产生的后果，通常这样的后果是对方所不能接受的。这样，就等于拒绝了他。据说，文学家萧伯纳曾被一位电影明星追求。这位明星向他求婚说："如果我们俩结合，将来生的孩子头脑像你而长相像我，那岂不是件美事？"萧伯纳没有正面回绝而是做了一个假设："要是我们结合，将来生的孩子头脑像你而长相像我，那岂不是太惨了吗？"这位明星当然不会接受这样的假设而只能接受拒绝，但这种拒绝不是由拒绝者说出来的，而是在拒绝者假设的引导和启发下，被拒绝者自己得出的结论，因此不至于引起不快。

反观自我

问一问

(1) 我在面对别人请求的时候本想拒绝，结果却没有拒绝，是自己心太软，还是勇气不够？

(2) 朋友向我提出了过分的帮助要求时，我是为了友谊而答应，还是要毫不犹豫地拒绝呢？

(3) 我是不是所有的事情都要去拒绝呢？

(4) 拒绝别人时，我做到既不伤害别人，又能达到目的了吗？

想一想

阅读下面的小故事，说说你受到了什么启发。

学会拒绝　忠于自己

有一个故事：一头小象被拴在柱子上，它拼命挣扎也无法挣脱，几经反复，终于放弃。若干年后，它长成一头强壮的大象，力气虽足以挣脱绳索，但已经没有了这种冲动。这个故事非常形象地说明了这样一个道理：我们和身边人打交道的模式来自我们曾经的成长经验，而不会拒绝的这个性格特质也是早年经验导致的。当然，这个早年经验可能很复杂，我们可以来了解一下，不会拒绝可能意味着哪些早年经验。

拒绝可能意味着关系的结束，我不满足别人的需要就会被抛弃，或者只有满足了别人的需要，我才是重要的，才会被爱。可能还有很多其他原因，但总体来说，不敢拒绝的人有一个共同点，即有很多的不被允许，不敢依从自己的真实感受，被需求做一个满足他人的"好人"。但这个"好人"是以压抑自我为代价，他必然会逐渐感觉是在为别人而活，会逐渐产生拒绝别人的愿望，却欲拒不能。因为内心的弱小与不安全感，使得无力承受内心所认为的潜在危险，这种潜在危险可能是被抛弃，可能是不被爱，可能是不再被认为是"好孩子"。然而，这都是内心的感受，现实并不如此。

怎么改变呢？首先，应允许自己暂时还做不到，性格的形成非一朝之功，改变也不会一蹴而就，不要强求自己立马有很大改变。其次，应允许自己做真实的自己，尝试跟着自己的感觉走，允许自己不高兴，允许自己愤怒，允许自己也可以偶尔失约、违约，允许自己动怒、发火，允许自己"先为己而后为人"。再次，可以学习一些说"不"的技巧，从最温和的拒绝做起，如"不好意思，这次不行呵……"或者"我试试看，但不一定能帮你哦"等。慢慢地，你不仅可以学会拒绝，还可能会找到"丢"了很久的自己。

愿我们都能被允许做那个忠于自己的人。

(资料来源：http://www.zx165.com/UserArticleShow186，有删改)

活动拓展

活动主题：学会拒绝

【活动目标】

认识到拒绝他人在人际交往中的重要性。

【活动准备】

角色扮演小案例。

【活动过程】

1. 案情导入

在日常生活中，我们经常需要拒绝他人和被他人拒绝，假如你碰到以下案例中的事情，你会怎么办?

小张有位好友叫小王，平时小王帮了小张不少的忙。小张做值日生时，小王一起帮他打扫教室；放学时，小王骑自行车带小张回家。有一天晚上，小王因为看世界杯足球赛忘记做作业。第二天上学后，他找到小张，叫他抄一份作业给自己，这时，小张心里左右为难，他该怎么办?

2. 情景表演

请三位同学来演示一下小张的三种反应。

甲(气恼的神情)：没有看见我在早读吗？待会儿老师要抽查背古诗，我可没有时间给你抄作业，再说，抄作业是错误的行为。(说完，只顾自己早读，不搭理小王)

乙(无可奈何)：平时，他对我蛮不错，帮了我不少的忙，如果不帮他抄作业，中午放学他就要被老师留下来，还要挨训斥，我感觉有点对不起他，他也可能会怨恨我这位朋友。(一边叹气，一边帮小王抄作业)

丙(认真、诚恳)：你先把会做的题目做好，剩下的题目待会儿我们一起做吧，如果我抄作业给你，下次考试时你还是不会。

3. 小组讨论

讨论：对于甲、乙、丙三种拒绝方式，你赞同哪一种？为什么?

有的拒绝让人难堪，有的拒绝让人舒坦，拒绝是一门艺术，只要我们的拒绝是真诚的、合理的，就会得到别人的理解和尊重，并不会因为拒绝了别人而失去友谊。

【小组分享】

我们自己在生活中有没有想说“不”，但又觉得为难的时候呢？

【注意事项】

(1) 角色扮演时要投入感情。

(2) 要引导学生积极讨论、分享，不能流于形式。

第七章　快乐相处

第一节　大大方方赞出来

心灵故事

同是一棵树，有的人看到的是满树的郁郁葱葱，而有的人却只看到树梢上的毛毛虫。为什么同样一件事情，会有两种截然不同的结果呢？原因就在于有的人懂得赏识、赞美，而有的人只会用挑剔、指责的眼光看待事物。

一名记者曾做过一次调查：经常赏识他人，夸奖、赞美他人的人往往处事积极、乐观，受人欢迎，受人尊敬，不常生病，并且比一般人长寿；而常指责、抱怨的人往往没有朋友，孤单落寞，身体、心理脆弱，比一般人寿命短。

典型案例

她很优秀，为什么我眼里看到的全是她的不足

小媛是我从小一起长大的玩伴。小媛乖巧、懂事，家境也好，并且有很多艺术特长，最重要的是学习成绩很棒。从小爸爸妈妈就喜欢将我和她做比较，并且告诉我，要以她为榜样，向她学习。一开始，我劲头很足，想通过自己的努力赶上小媛甚至超越她。可是，我发现，即使我做得比她好时，依然得不到爸爸妈妈的表扬，也得不到身边人的肯定。只要我和小媛在一起，我就会立马显得卑微不已，感觉别人的眼里就只有她一个人。就这样，我在她的影子下带着自卑长大了。现在，我们都已上了高中，她在我心中的完美形象早已不复存在，我眼里看到的全是她的狂妄自大、孤傲冷僻、自私自利……所以当我和她在一起的时候，我就会指出她的各种不足，她也总是说我不会讲话，跟我在一起没以前开心了，这使我们的关系变得疏远。

为此，我也很苦恼：我们是儿时的玩伴，有那么多年的友谊，我指出她的不足也是为她好，她怎么就不理解我呢？我们俩的问题到底出在哪里，我怎么做才能修复我跟她的友情裂痕呢？

【想一想】

有很多同学在与好友的交往上会遇到一些困惑，也会出现上述案例的现象。其实，在结交朋友时，一开始我们每个人都是因为看到对方的优点才愿意与之接近并成为朋友的。但随着时间的推移和感情的深入，渐渐地彼此的缺点就会暴露，我们往往就会忘记或是全然看不到彼此的优点，甚至会夹杂着嫉妒心去贬低对方的优势。有句话说得好，“最亲密的关系是最难处理的关系”，对于他人的优点，我们怎样才能投去欣赏的眼光，并且真诚地去赞赏呢？

测一测

你是一个积极、乐观的人吗

在日常学习、生活的人际交往中，一个人的言行常常反映其心态和影响力，从而影响人际关系和幸福指数。本量表共由 15 道题目组成，可用来了解自己的积极影响能力。请根据自己的实际情况如实回答“是”或“否”，写在题后的括号里面。

(1) 我在过去的 24 小时里帮助过一个人。(　　)

(2) 我是一个非常有礼貌的人。(　　)

(3) 我喜欢与心态积极的人相处。(　　)

(4) 我在过去的 24 小时里夸奖过一个人。(　　)

(5) 我有一种本领，能让别人心情愉快。(　　)

(6) 我与心态积极的人在一起时效率更高。(　　)

(7) 在过去的 24 小时里，我告诉一个人，我对他/她很关心。(　　)

(8) 我每到一个地方，都刻意结识别人。(　　)

(9) 我每次受到表扬，都想表扬别人。(　　)

(10) 上星期，我耐心倾听别人诉说他/她的目标和理想。(　　)

(11) 我能让心情不好的人笑。(　　)

(12) 我会以我的同学喜欢的方式称呼他们。(　　)

(13) 我关注同学们的优秀表现。(　　)

(14) 我见到别人时总是笑容满面。(　　)

(15) 看到他人的优秀表现，能及时给予表扬。(　　)

【测试说明】

如果你回答的“是”在 6 个以下，请反思一下吧！也许你缺乏良好的积极影响力和欣赏他人的能力。不过，主控权在你手里，你可以通过有意增加以上问题中“是”的数量来改善自己的积极影响力，三个月以后，你将惊奇地发现，你的人际关系有了积极的变化。

知识导读

赞美的含义

赞美是发自内心深处地对别人的欣赏，然后回馈给对方的过程；赞美是对别人关爱的表示，是人际关系中一种良好的互动过程，是人和人之间相互关爱的体现。

从心理学角度来说，赞美是一种有效的交往技巧，能有效地缩短人与人之间的人际心理距离。

赞美有三个层次：

第一层次，对于美的事物，能看见美。

第二层次，对于不美的事物，能发现美。

第三层次，对于平凡的事物，能找到隐藏的真相，看见美中之大美。

赞美的益处

渴望被人赏识是人最基本的天性，恰当、适时的赞美会起到很多意想不到的作用。

首先，赞美是幸福的源泉。赞美是激励和引导，是理解和沟通，是信任和支持，它能让平凡的生活蜕变为美丽、和谐的艺术。有了赞美，一切美好愿望都具备了实现的可能性。善于理智赞美他人的人，也会得到他人的赞美和帮助，有助于创造一个宽松和谐、洋溢着浓浓人情味的温馨环境。

其次，赞美是我们自信的来源、价值感的写照。我们得到别人赞美时，就等于有人直接告诉我们的价值所在。赞美，是别人给予我们最强有力的支持。当我们赞美他人时，第一个受益者也是我们自己，因为赞美可以产生一种温暖感，当我们使用它的时候，自己的身心会先明亮起来。

再次，赞美是生活的哲学。每一个人都有值得赏识、值得称赞的地方。人与人之间只有互相赞美，才能够共同进步。如果我们能对周围的人和事物多一分赞美，就会多一分理解、多一分友善、多一分爱心。

最后，赞美是一种做人的智慧。赞美别人是对自己的尊重，它可以拓宽自己的视野和胸襟。在建立友谊的过程，赞美更是有效表达自己、促进友情升温的催化剂。只有对方发现我们给予的关心、尊敬、爱和期待，他才有可能朝向我们期待的样子不断努力。人和人之间会通过相互之间的尊重和喜爱使人际关系变得更紧密。

一个心底蕴藏着美好感觉的人，是善良的人；一个善于把心底美好感觉适时表达出来的人，是智慧的人。你给了旁人快乐，会收获更大的快乐。学会赞赏人，学会把美好的感觉表达出来吧！

策略训练

策略一：赞美要真诚、真实

真诚、真实是赞美的基本原则和前提。大多数人选择朋友都是根据对方是否真诚而决定的。只有真诚、真实的赞美才最能打动人的心灵。真诚就是态度诚恳、面带微笑；真实就是要赞美他人真正拥有的品德或特质，不虚伪，不夸张。赞美他人是一种情感体验，只有真诚、真实的情感体验，才能表达自己内心的真实感受并让对方感受到你对他真诚的关怀，这样的赞美才不会给人虚假和牵强的感觉。

策略二：赞美对方的闪光点

言之无物的赞美是虚伪的，也是无法让人感动的，甚至被误解为讽刺和挖苦。要使赞美言之有物，就必须洞察他人的优点、长处，即闪光点，并用恰当、确切、真诚、适度的语言告知对方。

赞美的内容不应是某种头衔或荣誉，更不能是外在的一些东西，最好是他人内心深处真正引以为傲的某种品质或者极为出色的能力。比如信守诺言、体谅他人、审美水平极佳、做事认真、友好热情……当对方的这些优点被我们发现并欣赏时，不但我们会被对方打动，对方也会强烈地感到，在我们面前他是如此与众不同，继而以同样的心态来欣赏我们。

策略三：赞美内容要具体、翔实

许多人常犯的错是见了什么都说好，见了谁都说好，有时是不懂装懂，有时是只知其一，不知其二，语言不到位，说不到点子上去，缺乏力度。因此，在交往中应从具体事件入手对他人加以赞美，除了用一般性的夸奖语言，如“你很棒”“你表现得很好”等，最好还要加上对具体事实的评价。例如你可以这样赞美：“你的文章写得真好！不但角度新颖，而且人物刻画入木三分，逻辑十分严谨”；“这个发型非常适合你，它跟你的脸型太配了”等。赞美用语越具体、翔实，说明你对对方越了解，对他的长处和成绩越看重。总之，具体、翔实的赞美会让对方感受到你的真诚，你们之间的距离就会越来越近，关系也会越来越好。

策略四：赞美要及时

曾有一位心理学家说过，“抓住人们刚好做对事的那一瞬间及时给予赞美”，这句话充分说明了赞美的时间非常重要。太早，对方会觉得莫名其妙，怀疑我们的诚意；太晚，对方则会感到被忽略。所以，对朋友身上的优点，要尽可能地随时随地去发现，看在眼里，记在心里，及时表达出来，这样会使人增强自信，对自己产生好感。

赞美是一种美德，是一门学问，每个人都有值得称赞的地方，当你适时、适当、真诚地赞美别人时，你会发现自己和对方的关系变得更加亲密，彼此的幸福指数也在上升。

反观自我

问一问

(1) 我是一个积极、乐观的人吗？

(2) 和同学交往中，我第一眼看到的是对方的缺点还是优点？

(3) 周围的同学喜欢和我相处吗？

(4) 我自己身上的优点有哪些？请至少列出 10 个。

想一想

阅读下面的小故事，说说你受到了什么启发。

赞美的力量

有一个小故事：甲、乙两个猎人各猎得两只兔子回家。甲的妻子看见了，冷漠地说道：“你一天只打到两只小野兔吗？真没用！”猎人甲很不高兴，心里埋怨起来，兔子哪有这么容易就能打到呢？第二天，他故意空手而回，让妻子知道打猎是件不容易的事情。

猎人乙的遭遇则恰恰相反，他的妻子看到他带回了两只兔子，欢天喜地地说道：“你一天打了两只野兔吗？真了不起呀！”猎人乙听了后，高兴不已，心想：“两只兔子算什么，明天我还要打回来更多！”果不其然，第二天他就打了四只野兔回来。

面对同样的情境，两句不同的话产生了完全不同的结果。这是因为每个人都渴望得到别人的肯定和认可，而赞美就具有这样神奇的效果，可以让一个人意气风发、干劲十足、斗志昂扬！

(资料来源：https://zhidao.baidu.com/question/287306157.html，有删改)

活动拓展

活动主题：戴高帽

【活动目标】

学习发现别人的优点，学会用合适的方法表达内心美好的感觉，并体会被人赞美的快乐。

【活动准备】

一顶彩色纸做的高帽、白纸条若干、透明胶带若干。

【活动过程】

(1) 被赞美者，由同学自告奋勇担任，也可以由同学推荐，或由教师点名一些胆小、自卑的同学担任。

(2) 被赞美者到教室前方戴上彩色高帽。

(3) 其余学生为赞美者，赞美者要自然地注视被赞美者，面带微笑地走向被赞美者，双方主动握手、拍肩或拥抱，然后，赞美者大声说出赞美之辞。态度要真诚，语气要恳切，赞美的内容可以是外貌特征、内在品质，也可以是你在学习、生活中观察、感受到的一些美好细节。赞美语要具体、别致，尽量不重复。

以下赞美语可供参考。

先做总结，再举例：我很喜欢你，你很善于发现别人的优点，因为你经常……

先举例，再做总结：我很佩服你，你曾经……可见你是一个心态积极的人。

(4) 每一个被赞美者都要接受采访：被人赞美的感觉是怎样的？哪一句赞美令你印象最深刻？

选择部分赞美者进行采访：学会赞美别人需要具备哪些特质？赞美别人的时候，对方的反应给你什么感受？

(5) 为了让每一位同学都感受到被人赞美的快乐，要求每位同学准备小纸条，为在座的同学写赞美语。

(6) 请全体同学出动，用透明胶带将纸条分别粘在你所赞美的对象身上，这个环节是整个活动的高潮。所有同学的情绪都将被调动起来，气氛融洽、热烈。

(7) 每个人回到自己的座位，收集、整理、阅读写赞美语的纸条，清点自己的“财富”。

(8) 选出一个同学代表，将印象最深、感受最多的赞美语读出来，并说出感受，与大家一起分享。

【小组分享】

在今天的活动中，你体会到了什么？我们为什么要给予他人赞美？

【注意事项】

(1) 关注自卑、怯弱、内向或人际关系不协调的学生，可预先安排少数活跃的同学发动、关注、帮助他们。如果活动组织得恰当，会有很好的心理治愈效果。

(2) 注意现场的把握和调动，教师要眼观六路，耳听八方，及时发动、鼓励赞美者和被赞美者，及时捕捉采访对象，灵活设计采访提问，让每一个环节都融入心理教育的理念，使活动发挥很好的团体治愈的作用。如果有特殊情况，需要灵活处理。

第二节 我的父亲和母亲

心灵故事

“慈母手中线，游子身上衣”，这句诗表达的是一种亘古不变的情感。

如果有人问你，世界上最疼爱你的人是谁，你可能会毫不犹豫地回答是爸爸妈妈。然而，不知从哪一天开始起，你发现他们不再是你心目中让你无比敬佩、为之骄傲的父母了。他们经常因为鸡毛蒜皮的小事训斥你，让你感觉不开心；他们会经常唠叨放学了早点回来，吃完饭赶紧写作业，对你的交友进行干涉；抑或，因为他们无法生活到一起，导致你只能和爸爸或者妈妈单独生活，于是你恨他们中的一方抛弃了你；或者，他们只在乎你的成绩，从未认真聆听你内心的声音。这一切让你忍不住想问：“他们还爱我吗？他们好像是在让我完成他们自己未达成的心愿？他们真的关心我吗？”亲情贯穿我们一辈子，本节的主题是：我的父亲和母亲。

典型案例

我到底是不是她亲生的

小陈是一名高一的男生，最近他陷入了无尽的烦恼之中。究竟是咋回事呢？原来，他和自己母亲的关系闹僵了。上高中之前，他的成绩很不错，篮球也打得很好，父母也不怎么管他。上高中后，他还是像初中一样学习，课余时间就和朋友一起打篮球，周末也是约朋友打篮球。结果，在高一上学期的几次考试中，他的成绩变得越来越差劲。他的母亲非常生气，就狠狠地批评了他一顿，而且还不准他继续打篮球。理由是：学习都搞不好，打什么篮球呢？这下子彻底把小陈给激怒了。他最喜欢的运动就是打篮球，结果现在却不能打了，这怎么能行呢？于是，他和母亲多次发生了冲突，搞得两人几乎成了仇人，他母亲甚至要和他断绝母子关系。小陈几乎要崩溃了，心想，为啥她对自己这么狠呢？难道我不是她亲生的儿子吗？

【想一想】

如今，此类母子关系冲突在我们生活中并不鲜见，一方面，父母关系失和给孩子内心和成长带来了不容忽视的影响；另一方面，父母时刻关注孩子，把自己认为对的理所当然地强加在孩子身上，非常注重孩子的升学等关键事件。还有的孩子从小受到父母爱护，突然发现父母不再是自己的港湾，悄悄话不能再倾诉，所以把自己的精力过多地投放到网络上，不再以学习为中心。这类情况你如何看待呢？

测一测

你了解自己的父母吗

请根据自己的实际情况来回答下面的问题。

(1) 爸爸的生日是＿＿＿＿＿年＿＿＿＿＿月＿＿＿＿＿日。

(2) 妈妈的生日是＿＿＿＿＿年＿＿＿＿＿月＿＿＿＿＿日。

(3) 爸爸最爱吃的菜是＿＿＿＿＿＿＿＿＿＿＿＿＿＿＿。

(4) 妈妈最爱吃的菜是＿＿＿＿＿＿＿＿＿＿＿＿＿＿＿。

(5) 爸爸鞋子的码数是＿＿＿＿＿＿＿＿＿＿＿＿＿＿＿。

(6) 妈妈鞋子的码数是＿＿＿＿＿＿＿＿＿＿＿＿＿＿＿。

(7) 爸爸的爱好是＿＿＿＿＿＿＿＿＿＿＿＿＿＿＿＿＿。

(8) 妈妈最大的心愿是＿＿＿＿＿＿＿＿＿＿＿＿＿＿＿。

(9) 父亲节是＿＿＿＿＿＿＿＿＿＿＿＿＿＿。

(10) 母亲节是＿＿＿＿＿＿＿＿＿＿＿＿＿＿。

【测试说明】

你能顺利回答以上题目吗？如果是，表明你比较了解自己的父母；如果对很多问题的答案拿不准，你可能需要加强对自己父母的了解，对他们多一些关注。如果反过来问父母关于你的类似问题，他们回答起来一定容易得多。

知识导读

与父母沟通不畅的表现

在日常接触中，与父母的摩擦时常会出现。当你逐渐长大，随着自主性的增加，你或许会发现矛盾随之增多。下面，我们一起来了解一下与父母沟通不顺利的情况，尽量减少或避免此类事情的发生。

(1) 亲子沟通不深入。对孩子的了解只是停留在生活琐事，缺乏真正的思想交流，这种表层的沟通让大部分学生感到与家长沟通存在障碍或者感到父母不太了解自己。子女与父母的沟通表面上很顺畅，但很多时候并不是真正的、有效的、深层次的沟通。大多数学生的家长只是在日常与子女交流学习和生活情况，很少触及他们的内心世界，极少关注他们在成长过程中可能遇到的各种心理和行为问题，孩子们大都也是对父母“敷衍了事”，久而久之，家长与孩子之间的沟通就存在了极大的障碍，孩子的“问题”便越来越多。不了解自己孩子的家长们大都将孩子的“问题”看作不听话，认为是孩子的错，将这些“问题”视为洪水猛兽，不知所措。

(2) 家庭关系不和谐。父母经常吵架、父母分居或者离异，会给孩子带来极大的伤害，有可能影响孩子的人际交往、学习成绩，甚至会把父母的不和归结为自己的原因，进而影响健康成长。

(3) 亲子间沟通不足。现代社会的工作和生活节奏加快，竞争日益激烈，迫于生计，不少父母不得不全力投入繁忙的工作中，很少有时间管教孩子，亲子间互动频率较低。有的家长只是在饭桌上或睡觉前与孩子聊几句，甚至等孩子出现问题时才回过头来对孩子进行教育，所谓的教育也只是家长烦恼情绪的宣泄或对孩子出现问题的老生常谈。更有农村的父母背起行囊到城市打工，将孩子留给年迈的老人或亲戚，使亲子间的互动完全缺失。还有一些父母不知道孩子想怎样生活，也不清楚孩子内心的想法，孩子得不到父母的理解和关心，情感比较疏远。

策略训练

策略一：感恩父母

我们沐浴着爱的阳光长大，在人间真情的滋润下成长，多少次带着幸福的感觉进入梦乡，多少回含着感动的泪花畅想未来。学会感激——感激父母，因为他们给了我们宝贵的生命。妈妈的皱纹深了，她把美丽的青春给了我们；妈妈的手粗了，她把温暖的阳光给了我们；妈妈的腰弯了，她把挺直的脊梁给了我们；妈妈的眼花了，她把明亮的双眸给了我们；面对妈妈深沉的感情，聆听妈妈殷切的心愿，我们应该学会感恩，应该学会感激。但很多时候，我们习惯接受这种关爱，并且认为是理所当然。妈妈的爱像一杯浓茶，需要我们细细品味。父爱就是一片海，给了我们一个幸福的港湾，将鼓舞我们扬帆远航。所有的恩情，我们都应铭记于心。

策略二：关心父母

父母也是普通人，他们也需要我们的关心。具体来讲：第一，要了解父母。记住父母的姓名、年龄、生日与工作单位，知道父母工作的职务与内容，了解父母平时的兴趣与爱好。第二，要亲近父母。外出或到家时要和父母打招呼。多跟父母一起活动，讲述自己的见闻、欢乐与烦恼。第三，要关心父母。在父母疲劳或生病时主动问候，端水送药，在父母生日或取得成绩时热情祝贺。第四，要尊敬父母。听从父母教导，珍惜时间、勤奋学习、爱惜学习用品，学习结束后自己整理书包、收拾桌面。第五，要体贴父母。平时自己穿衣、洗头、洗澡、洗小件衣服，帮助父母收拾房间、洗刷餐具、倒垃圾、上街买小件用品，做力所能及的事情。

策略三：换位思考

换位思考是一种心理体验过程。将心比心，设身处地，是达成理解不可缺少的心理机制。换位思考在客观上要求我们将自己的内心世界，如情感体验、思维方式等与对方联系起来，站在对方的立场上体验和思考问题，从而与对方在情感上得到沟通，为增进理解奠定基础。它既是一种理解，也是一种关爱。要使双方能有良好的沟通，学会站在对方的角度思考很重要。要站在对方的角度考虑问题，站在对方的角度去理解他的内心感受，站在对方的角度去说好每一句话，这样的沟通才能流畅、愉快和有效，并能避免或减少对话双方的戒备和猜疑，弱化和消除对话过程中的不愉快，增进双方的互相了解，从而使对话朝着期望的方向进行。

反观自我

问一问

(1) 我一般什么时候打电话给父母？

(2) 父母不开心时，我做了什么？

(3) 什么情况下，我和父母相处得最开心？

(4) 如果我犯错了，让父母为我担心，我一般是怎么解决的？

想一想

阅读下面的小故事，说说你受到了什么启发。

孝心无价

我不喜欢一个苦孩求学的故事。家庭十分困难，父亲逝去，弟妹嗷嗷待哺，可他大学毕业后，还要坚持读研究生，母亲只有去卖血……我以为那是一个自私的学子。求学的路很漫长，一生一世的事业，何必太在意几年蹉跎？况且这时间的分分秒秒都苦涩无比，需用母亲的鲜血灌溉！一个连母亲都无法挚爱的人，还能指望他会爱谁？把自己的利益放在至高无上的位置的人，怎能成为为人类献身的大师？

我也不喜欢父母重病在床，断然离去的游子，无论你有多少理由。地球离了谁都照样转动，不必将个人力量夸大到不可思议的程度。在一位老人行将就木的时候，将他对人世间最后的期冀斩断，以绝望之心在寂寞中远行，那是对生命的大不敬。

我相信每一个赤诚忠厚的孩子，都曾在心底向父母许下“孝”的宏愿，相信来日方长，相信水到渠成，相信自己必有功成名就、衣锦还乡的那一天，可以从容尽孝。

可惜人们忘了，忘了时间的残酷，忘了人生的短暂，忘了世上有永远无法报答的恩情，忘了生命本身有不堪一击的脆弱。

父母走了，带着对我们深深的挂念。父母走了，遗留给我们永无偿还的心债。你就永远无以言孝。

有一些事情，当我们年轻的时候，无法懂得。当我们懂得的时候，已不再年轻。世上有些东西可以弥补，有些东西永无弥补。

“孝”是稍纵即逝的眷恋，“孝”是无法重视的幸福。“孝”是一失足成千古恨的往事，“孝”是生命与生命交接处的链条，一旦断裂，永无连接。

赶快为你的父母尽一份孝心。也许是一处豪宅，也许是一片砖瓦。也许是大洋彼岸的一只鸿雁，也许是近在咫尺的一个口信。也许是一顶纯黑的博士帽，也许是作业簿上的一个红五分。也许是一桌山珍海味，也许是一只野果一朵小花。也许是花团锦簇的盛世华衣，也许是一双洁净的旧鞋。也许是数以亿万计的金钱，也许只是含着体温的一枚硬币……但在“孝”的天平上，它们等值。

只是，天下的儿女们，一定要抓紧啊！趁你父母健在的光阴。

(资料来源：https://baike.baidu.com/item/孝心无价/10082225?fr=aladdin)

活动拓展

活动主题："全家总动员"亲子活动

【活动目标】

通过这个活动，促进大家与父母的互动，促进父母与孩子之间的配合，体现互相理解、互相配合的主题。

【活动准备】

展板、微信平台、手机收纳袋、便利贴。

【活动过程】

1. 热身活动"老师说"

活动目的：促进大家互相熟悉，尽快进入状态。

活动规则：大家围圈而坐，当大家听到"老师说，你可以站起来了"，这时全体人员需要起立；当大家听到"老师说，你需要和你左边的同伴握握手"，这时全体人员需要走上前去握手。具体内容自定，依次进行，大概进行 10 轮。

2. 你来比画我来猜

活动目的：促进亲子互动，加强亲子之间的了解。

活动规则：两个人一组，1 个人比画 1 个人猜词，比画者只能使用手势或借助道具，不可讲话，限时 3 分钟，在 3 分钟内猜对 1 个就可获得 10 分的积分。在水果、漫画、动作、动物四大类词语中随机抽取词语。

3. 我是小向导

活动目的：让孩子体验做引导者的感觉，让爸爸妈妈感受被孩子关注的感觉，促进亲子情感的升华。

活动规则：让孩子做爸爸妈妈的向导，爸爸妈妈眼睛带上眼罩，看不到周围的任何事物，孩子需要通过语言沟通，引导爸爸妈妈走向胜利的彼岸，全程 10 米，中间设有板凳、盒子等障碍物，若中间触碰到障碍物，主持人则发出提醒，需返回终点重新开始。

根据用时长短分为 3 个等级，分别评出一、二、三等奖，分别给予 100、70、40 分的积分。

4. 评选"最默契家庭"

根据积分评选出 5 个"最默契家庭"。

【小组分享】

活动过程中，父母的感觉怎么样？当被孩子指引朝前走时，父母有什么想法？怎样能够更快完成任务？在这个过程中，父母与孩子能够顺利沟通吗？可以在哪些方面做出改进以促进以后的亲子沟通?

【注意事项】

(1) 父母与孩子应互相尊重，当不能很好地理解对方时要保持耐心。

(2) 过障碍物时应注意安全。

(3) 评选出的“最默契家庭”可作为榜样，与大家分享亲子沟通经验。

第三节 异性交往应有度

心灵故事

薄伽丘在《十日谈》里说到一个这样的故事：有一个虔诚的基督徒一心想把儿子培养成像他那样的人——信仰坚定，没有任何其他杂念。于是他把儿子与外界隔离起来，以避免一切诱惑。儿子长到16岁，除了信仰，什么都不想。父亲想：看来儿子已经修炼成功，可以放出去了。一天，他带儿子进城，儿子头一次见到外面的世界，一时反应不过来，很木讷。可当他看到女人时，眼睛为之一亮，问父亲：“爸爸，这是什么？”父亲很不高兴地说：“绿鹅。”傍晚要回家的时候，父亲问儿子：“你想买点什么回去？”儿子毫不犹豫地说：“我要买只‘绿鹅’。”这个故事说明青春期的男女交往不仅是正常的心理需求，而且是必要的。心理学研究指出，青春期男女之间自然的社会交往和友谊，有利于青少年个性的全面发展，如果青少年只在同性圈子里交往，人的气质、性格、情感等方面的发展往往是狭隘的。而如果增加异性交往，常可使青少年的性格豁达开朗，情感体验也比较全面，自制力较强，从而使个性发展更丰富。但是，怎样的异性交往才是适度的呢？不少同学在这方面存在困惑，本节将与你聊聊如何与异性交往。

典型案例

和他的交往有了距离

兰翎有一个和自己关系很好的男同学，开始时，她把他当作知心朋友。在兰翎心里，他有追求、有理想、有目标，很关心她。平时，兰翎有自己管不住自己的毛病，他就会提醒她，禁止她去做一些当前不该做的事情。这让兰翎感觉很甜蜜，后来就慢慢地喜欢上他了。在一次和另外一个男生聊天时，兰翎谈到自己喜欢他，这个男生就把兰翎的话转告他了。不久后，他就不再和兰翎一起吃饭，也不和她打招呼，甚至还有意无意地避开她。这让兰翎觉得很难受，心里很难过，不知道对方为什么无缘无故不理她。其实兰翎也想好好读书，可目前怎么也静不下心来好好学习！兰翎不知道该怎么办。

【想一想】

青春期的异性交往是一个敏感而又无法逃避的话题，每一个处在青春期的少男少女，或多或少都会对异性间的交往产生过这样、那样的困惑。案例中的兰翎该如何走出心中的困惑？

测一测

异性交往能力测试

下面 6 个问题均没有标准答案，请根据自己的实际情况选择“是”或“否”。

(1) 与异性交往太少。 是( ) 否( )

(2) 与异性交往感觉不自然。 是( ) 否( )

(3) 不知道与异性相处应如何适可而止。 是( ) 否( )

(4) 暗自思慕异性。 是( ) 否( )

(5) 瞧不起异性。 是( ) 否( )

(6) 被异性瞧不起。 是( ) 否( )

【测试说明】

回答是，则计 1 分；回答否，则计 0 分。

4～6 分：表明你与异性交往的过程中存在较为严重的困扰。

2～3 分：表明你与异性同学交往的行为困扰程度一般。与异性同学交往时，你有时觉得愉快，有时又认为似乎是负担，你不懂得如何与异性交往最适宜。

0～1 分：表明你懂得如何正确处理异性朋友之间的关系。

知识导读

异性交往的重要性

1. 学习上互相激励

男生和女生在智力类型上是有差异的。男、女生经常在一起互相学习、互相影响，就可以取长补短，差异互补，提高自己的智力活动水平和学习效率。

2. 情感上互相慰藉

人与人之间的情感是丰富而微妙的，在异性交往中获得的情感交流和感受，往往是在同性朋友身上体会不到的。这是因为两性在情感特点上是有差异的，女生更有同情心，情感比较细腻、温和，情感中富有使人宁静的力量。男生的苦恼、挫折感可以在女生平和的心绪与同情的目光中找到安慰。而男生情感外露、粗犷、热烈而有力，可以消除女生的愁苦与疑惑。

3. 性格上互相弥补

只在同性范围内交往，则人的心理发展往往会狭隘，既与同性又与异性的交往更能丰富人的个性。适度的异性交往，可以使性格更为豁达、开朗，情感体验更为丰富，意志也更为坚强。保加利亚的一位心理学家说过：男人真正的力量是带一点女性温柔色彩的刚毅。

4. 活动中互相鞭策

我们都有过这种体验：有异性参加的活动，较之只有同性参加的活动，一般会感到更愉快，活动的积极性会更高，往往玩得更起劲，表现更出色。这就是心理学上的异性效应。当有异性参加活动时，异性间心理接近的需要就得到了满足，彼此间可获得不同程度的愉悦感，激发内在的积极性和创造力。

正常的异性交往有益于青少年身心的健康成长，青春期的男生和女生之间的交往是正常的、必要的，但要把握好尺度。

策略训练

策略一：坦然面对，不要太敏感

要端正态度，培养健康的交往观念，淡化性别意识，尽量做到思想无邪、落落大方。不能太敏感，不要以为与异性说了几句话，别人就会有什么想法了，也不要以为异性称赞了你几句，或者送给你了一件小礼物，就觉得对方可能对你有点意思了，更不能因为一男一女一起做作业，一同上下学，就怀疑他们相爱了。异性交往与同性交往有区别，但不要把它看得太复杂，要用平常心去对待。如果同学之间对谈恋爱沉默、冷淡，会促使当事人跳出自我陶醉，学习自省自律；相反，如果同学之间对谈恋爱羡慕和崇尚，可能会促进“准”爱情的发生。

策略二：大方交往，不要太秘密

要放开胆子，大大方方地同异性交往。借东西，就走过去明白地说明；谈看法，就直截了当地谈；有邀请，就当着大家的面公开地邀请。不要因为男女有别，把正常的交往也弄得神秘兮兮的。有些人不敢正眼看异性，不敢正视异性的眼睛，这是没有必要的。

策略三：广泛交往，不要太单一

与异性交往时，要注意广泛性，不能老是与同一个异性交往。有的人只与前排或后排座位的异性交往，不和其他异性交往；有的人只和自己钦佩的或者兴趣相同的异性交往，不和没有共同兴趣的异性交往。这些都容易引起别人的疑心，也容易由本来正常的同学交往发展为“一日不见，如隔三秋”的相恋。每个人都有自己的个性特长，交往越广，能学到的东西越多，还可以避免许多不必要的麻烦。

策略四：举止得体，不要太随便

与同性说的话，不一定都能与异性说；在同性之间可以有的动作，在异性之间不一定也能有。同性之间有时可能亲密无间，异性之间不但不能过于“亲密”，而且必须有“间”。也就是说，异性交往要保持一定的距离。距离，既指空间距离，也指感情距离。太远，见着异性远远躲开不行；太近，老是与异性待在一起也不行。同是开玩笑，同性与异性也须有别。

策略五：控制自己，不要太放纵

从理论上说，中学生是不允许有超越同学关系的异性之爱的，学校严格禁止学生谈恋爱，因为中学生还是未成年人。但从实践上看，互相有爱慕之心的同学也有，因为中学生的感情特别丰富，特别热烈。一旦对某个异性有了非常之情后，该怎么办？要竭力控制，特别是在行动上一定要牢牢地把握自己，不能邀约对方和频频传递情感，要明确自己的学习任务，如果在感情上一时难以控制，可以用写日记的方法记录感情或用参加运动的方法排解情绪。

反观自我

问一问

(1) 我的异性交往能力测试得分如何？我是怎样对待异性交往的？

(2) 当有异性同学或朋友向我求爱时，我会如何处理？

(3) 我掌握了哪些异性交往的原则？

想一想

阅读下面的小故事，说说你受到了什么启发。

刺猬取暖的故事

冬天到了，十几只刺猬冻得直发抖，为了取暖，它们只好紧紧地靠在一起，却因为忍受不了彼此的长刺，很快就各自跑开了。可是天气实在太冷了，它们又想靠在一起取暖，然而靠在一起时的刺痛使它们又不得不再度分开。就这样反反复复地分了又聚，聚了又分，不断在受冻与受刺两种痛苦之间挣扎。最后，刺猬们终于找出了一个适中的距离，既可以互相取暖又不至于被彼此刺伤。

这个故事提醒我们，无论是友情还是爱情，都应保持适当的距离，给对方留下一点空间，既体现了对他人的尊重，也显示了自己的教养。

(资料来源：https://zhidao.baidu.com/question/543816832.html)

活动拓展

活动主题：青春小鹿进我心

【活动目标】

通过分享对心仪异性同学的感受，使学生对异性同学的感觉正常化。

【活动准备】

一个小纸箱。

【活动过程】

(1) 每位同学准备一张小纸条，写下自己是否喜欢过异性同学，以及当时的感受。

(2) 将纸条投入小纸箱，教师随机抽取朗读，请同学们注意聆听，不发表议论。

(3) 大家互相交流小秘密。

【小组分享】

如何看待自己对异性的好感？这种好感对我们的生活有什么影响？请说出自己心中最真实的感受。

【注意事项】

可让学生以不记名方式写小纸条，不探究写小纸条的人是谁。

第四节 爱因等待而美丽

心灵故事

一位女生在作文中这样写道：

物理老师说："红苹果落地是由于万有引力的作用。"这时讲台下有人插话："青苹果落地是由于爱情引力的作用。"我曾问过爸爸："爱情是什么？"他意味深长地望了我一眼，说："等你长大以后就会明白了。"我又用同样的问题询问我身边的亲人和朋友，仍然没有得到明确的答案。生活中，在一些老师、家长和同学的眼里，只要男同学和女同学要好，就是"早恋"。于是，我一直和男同学保持距离，不敢和他们接近，我是老师眼里的好学生，我可不能因为这个问题犯错误。有时，我也很想和一些男同学接近，我对他们有好感，但我怕，怕被人误解，更怕自己陷入"早恋"而不能自拔。我就这样压抑着自己与异性同学交往的渴望，带着对"爱情"的疑惑，走在花季和雨季的生命里程中……

爱情，是一个令人向往的词语，年轻的心为它激动，为它欢笑，为它流泪。同学们，在你们的心目中，爱情究竟是什么呢？高中阶段的男生、女生之间发生的故事，像颗又酸又甜又青涩的果子，能把它称为爱情吗？该如何对待你和他(她)之间的这种"爱"呢？本节将和你共同探讨"爱情"话题。

典型案例

"爱"的诱惑

小语，重点高中学生，成绩优异，是清华、北大的"种子"选手，最近喜欢上了坐在她后面的男生。一开始她觉得这个男生挺讨厌的，话很多，喜欢夸夸其谈，正经事不做，捣蛋却总少不了他，一脸轻浮样，正好是她最不喜欢的类型。也不知道为什么，男生老爱反驳她，专门和她作对。然而，渐渐地，小语却越来越在意他的反应了。在一次义卖活动中，小语看到他和商家谈判的样子，觉得他挺聪明的，只是做事不怎么用心。后来，老师说要调整座位，小语心中竟然有种不舍的感觉，是不是喜欢上他了？后来从朋友口中得知这个男生也喜欢小语，小语心里有种说不出的甜蜜，可同时却又高兴不起来。从小到大，爸妈告诫她，读书的时候不能谈恋爱，面对这样的情况，她有点不知所措了。现在成绩虽然还可以，可如果还要分心到另一个人身上，恐怕会离我的梦想越来越远了。唉，该怎么办呢?

【想一想】

在高中阶段，每个人对异性都会有一些微妙的心理，因为这个年龄正好处于性心理发展的第三阶段——异性眷恋期，喜欢和异性接近，也渴望和异性交往。有时候见不到某人，心里会忐忑不安，总在人群中寻找对方的身影；当看到对方与另一位异性谈笑风生时，却又有种酸酸的、沉沉的感觉；与对方相处时容易心跳加速、手足无措，可同时却又兴奋无比。这种对异性朦朦胧胧、酸酸甜甜的感觉对我们有着强烈的吸引力，就像故事中的小语一样，她该怎么办呢？学业、爱情能兼顾吗？

测一测

爱，你准备好了吗

异性是我们成长路上的伙伴，对爱情的追求是人生中最美好的事情之一，但赢得幸福爱情所需要的能力你都具备了吗?

请你根据自己的实际情况，对下列问题做出“是”或“否”的回答。

(1) 我清楚地知道我是谁。

(2) 我对异性的了解不仅限于外貌，我也了解他们的生理和心理的特征。

(3) 我已经充分地掌握了从事某一职业的技能。

(4) 我已经具备承担责任的能力，我能为自己行为的任何后果承担责任。

(5) 我已经掌握了足够多的知识和能力，可以参与激烈的社会竞争，并能在社会上立足。

(6) 我能应对人生的挫折，没有什么能击垮我。

(7) 我对自己的情绪变化很清楚，善于管理自己的情绪。

【测试说明】

如果你不能对以上问题全部做出肯定的回答，那么，说明你还没有足够的能力去追求幸福的爱情，那就再耐心地等待，培养自己爱的能力吧。

(资料来源：http://www.ptweixin.com/api/5f397404e3/web/column/article/480708/)

知识导读

什么是爱情

美国心理学家斯登伯格提出“爱情三角论”，认为爱情是由激情、亲密、承诺三个部分组成的。

激情是爱情的情欲部分，指双方关系令人兴奋的部分，包含强烈的吸引力，想更多认识、接触对方，也包含浪漫的感觉、外表的吸引力、身体的亲密、性等。

亲密是爱情的情感部分，是一种精神上的交流，是灵魂的相依。需要注意的是，这个“亲密”不是我们世俗理解中的“身体亲密”，它实际上是一种“亲密感”，即跟对方在一起感觉很舒服，很安全，很温馨。两人的关系更像是好朋友，如友谊或异性间兄妹式的感情，和激情有本质的区别。

承诺是做出爱一个人的决定，以及能维持这种爱的投入、忠诚、义务和责任。就像西方国家结婚誓词中所说的：“无论是生老病死，无论是贫穷还是富裕……”这是一种患难与共、至死不渝的承诺，也就是我们通常意义上的爱情产生的前提，以及爱情中的责任和义务。

激情是爱情的发动机，没有了激情，爱情就缺少了生存和发展的原动力。没有了激情，爱情也就缺少了很多浪漫、美好的东西。一段感情之所以能够轰轰烈烈就是因为有激情。亲密是爱情的加油站，没有亲密，爱情就容易枯竭。亲密包括很多方面，如言语上的沟通、肌肤上的接触。承诺是爱情的安全气囊，失去了安全，爱情就会出现危机，随时都有崩溃的可能。

激情、亲密和承诺三者之间不同的组合，可以得到 8 种不同类型的爱。

(1) 点头之爱。这是最基本的社交礼仪，如点头寒暄，不算真正的爱，纯属社交层面的爱，没有亲密，也没有激情。

(2) 欢喜之爱。同性或异性朋友相处愉快，只要有心理的亲密就能产生欢喜，不一定有生理的激情。

(3) 痴迷之爱。只有激情，没有承诺和亲密。一见钟情的男女会因激情而相处，常因亲密感不足而导致感情很快结束。

(4) 友谊之爱。在亲密和承诺下相处愉快，却无肌肤之亲的生活。

(5) 空虚之爱。奉父母之命而毫无感情地结合就属于这种类型。有承诺而缺乏亲密的愉悦与身体的激情，虽然是社会认可的夫妇但却形同陌生人。

(6) 浪漫之爱。有亲密也有激情就是浪漫之爱。这种爱除了情投意合之外，也有身体的吸引，但若无承诺为基础，恋情很快烟消云散。

((7) 愚蠢之爱。只有激情和承诺，没有亲密。没有亲密的激情顶多是生理上的冲动，而没有亲密的承诺不过是空头支票。

(8) 完美之爱。激情、亲密、承诺三者合一的爱，是人们普遍追求的理想境界。男女之间有亲密的美，承诺的善，激情的真，是真、善、美和知、情、欲兼具的情感，这才是真正和谐的爱情。这种完美的爱情也是大家所真正想要追求的。

然而，具备激情、亲密、承诺并不意味着爱情就成为现实，需要双方付出更多的努力来调节这三者的关系。要找到并享受真正的爱情不是一朝一夕的事，所以爱情是需要经营的，得到激情并不难，但是想让激情平稳地过渡到亲密、承诺甚至让这种感觉相伴一生就是一种艺术了。

幸福的爱情并不是随随便便就可以得到的。只有那些善于爱、有爱的能力的人，才能从他们浪漫的或平淡的爱情中得到真正的幸福。那么，你是否已经真正做好了获得幸福爱情的准备?

我能去爱了吗

高中阶段是男女生情窦初开的时期，对异性产生好感和爱慕是青春期少年很正常的情感体验。青春期的爱恋纯洁而美好，是我们人生最珍贵的体验之一。但是要把这种好感和爱慕变成实实在在的、成熟的爱情，则要求我们必须具备一定的能力。

(1) 恋爱的双方都了解自己，并且独立而坚强。如果一个人对自己及自己的前途都一片迷茫，又怎么可能带给自己和别人幸福?

(2) 恋爱的双方要相互了解。看清一个人是否英俊、漂亮很容易，但要了解一个人是否诚实、忠诚、大度，却需要时间和深入的交往。在爱情故事中，恋人往往因不了解对方而结合，最后因为了解而分手。

(3) 恋爱的双方要彼此包容。人们常说“相爱容易相处难”，人都是有缺点的，而且再相爱的两个人也都是彼此不同的，如果不能真正接纳对方，两人的相处中会有很多冲突和痛苦。

(4) 恋爱的双方要具备适应社会的能力，包括具有足够的知识技能，能胜任一定的社会工作，能与人友好相处。

(5) 恋爱的双方要有能力去应对爱情中的种种挫折。没有人可以保证任何一次爱情都能天长地久，失恋也是一个人宝贵的经历，这种体验虽然痛苦，但若能坦然面对，肯定能找到属于自己的幸福。

(6) 恋爱的双方要有成熟的责任感。在童话故事中，公主和王子最终冲破了一切阻力走到了一起，但是故事到这儿并不是结尾，他们还要在一起生活，要组建家庭，还可能要有孩子，而把这些孩子抚养长大是他们的责任……正如前面的“爱情三角论”中提到的，和谐、幸福的爱情包含着承诺和责任，这是没有人可以逃避的。

作为一名高中生，你是否觉得要具备上述的能力有些困难呢？那么就让我们在等待中学习爱的能力吧。丰富自己的学识，提高自己的能力，才会更负责任地去面对未来的感情。

策略训练

策略一：恰当地表达和拒绝爱

爱情是美好的，但是，当时机不合适的时候，再美好的东西也需要放弃，这也是成长的一部分。

(1) 态度要委婉、坚决，应当机立断。面对异性的求爱，不能顾虑重重、优柔寡断，这样会被对方误认为是害羞或默许，而存有希望。当你不忍心伤害对方而拒绝对方时，其实你是在伤害对方。因此要快刀斩乱麻，果断地表达自己明确的想法，如“我觉得我们的性格差异太大，不太合适。”“你是个很好的男生，我很尊重你，我们能永远当朋友吗？”“你是个可爱的女孩，许多人喜欢你，你一定会找到你所爱的人。”

(2) 理由尽可能充分。不喜欢对方可明确摆出充分的理由，以使对方彻底死心，如“我现在想好好学习，不想谈恋爱，请你谅解。”“我父母不希望我这么早谈恋爱，我不想伤他们的心。”

(3) 拒绝要有艺术。无论写信、面谈还是通过朋友转达都要考虑言辞，做到既不伤害对方，又能给对方台阶下，如“我知道，你很爱我，但爱是一种牺牲，如果你真的爱我，就放我走，因为这样我才快乐。”“我从来没有想过这方面的问题，现在也不打算想，对我来说，读书是第一，希望我们还是好同学。”

策略二：从失恋中成长

每个人都希望自己的爱情故事是最美的那一个，但失恋也是恋爱中最为常见的。失恋会带来痛苦，而这种痛苦是深沉的、剧烈的。说它深沉，是因为它可能带来终身难以愈合的创伤；说它剧烈，是因为它能在一个短暂的时间内引起难以压抑的冲动，甚至使人失控、反常。失恋后，应如何进行自我调整、自我拯救呢？

(1) 疏通，指的是采用理智的方式获得解脱。比如多想想中断关系并不意味着你配不上他(她)，而只表明你们的感情难以发展成为爱情，不可一厢情愿而强求，应该尊重对方选择爱人的权利。也可以进行逆向思维，多想对方的不足，分析自己的优势，鼓足勇气，迎接新生活。还可以设想失恋固然失去了一次机会，然而却让你进入了另一个充满机会的世界，及早分手并非坏事。

(2) 合理宣泄。第一，倾诉，可通过信、日记或口头语言向朋友倾诉内心的苦闷和悲伤，从他们那里得到安慰。第二，自我发泄。例如，闭门痛哭一场或到空旷的地方吼上几声；到足球场上狠狠踢一两个小时球，或对着沙袋打上几个小时，发泄心中的积愤与怨气，使压抑的心理得到缓解和轻松。第三，转移，包括环境转移和感情转移。可以通过旅游、郊游，让大自然的美景荡涤心中的痛苦。第四，升华，将失恋的痛苦转化为一种力量，全身心地投入到学习和人生的追求中去，是一种最理想的方式。历史上无数伟人都有过这样的经历，他们失恋了，但获得了事业的成功和更加幸福的爱情。比如：恩格斯第二次失恋时，发愤写作；饱尝失恋之苦的歌德，一生中失恋 7 次，写出了许多著名的爱情诗篇；从失恋中奋起的安徒生，潜心写作，从不停笔，一生留下了 160 多篇动人的童话，深受世界各国人民的喜爱。所以，千万不要人为地麻醉自己。有些同学没有勇气正视失恋的痛苦，要么在痛苦、悔恨中生活；要么随便找一个替身，填补自己感情的空白。人为地麻醉自己非但不能消除苦恼，反而会给自己的思想增添几分空虚。既然失恋已成为无法回避的事实，那么就要以足够的勇气和胆量去正视它，要学会自我解脱，善于从痛苦中奋起。

反观自我

问一问

(1) 什么是真爱?
(2) 我憧憬的爱情是什么?
(3) 我为爱情做了哪些准备?
(4) 爱情和学业，孰轻孰重?我该如何权衡和把握?

想一想

阅读下面的小故事，说说你受到了什么启发。

一根小草的考验

一对热恋中的年轻人，有一次去森林游玩迷了路。黄昏时，他们发现曾经住过守林人的两间小草棚空着，就决定在那里过夜。可是女孩却站在自己的那间小屋门前发愁。拴门嘛，怕伤了他的感情；不拴门，又怕他闯进来。可是如果他真要进来，这扇门就是拴了也没用。结果，她想出一个自以为奇妙的办法：把一根小草轻轻地系在门栓上。这一夜，她心乱如麻，很晚才睡着。第二天清晨醒来时，只见门上那根小草依然紧拴着。

她哭了，她感受到一种真正的、值得信赖的爱情……

放纵的爱，应该并不困难；克制的爱，才需要坚强的意志。也许，在你我的心上都有这样一根小草，它拴住的，才是真正的爱情。

(资料来源：https://wenku.baidu.com/view/52de6a1501f69e314232943b.html，有删改)

活动拓展

活动主题：我的未来不是梦

【活动目标】

初步探讨自己的择偶标准、家庭理想，思考目前应如何把握人生。

【活动准备】

请学生准备好父母的结婚照。

【活动过程】

(1) 请学生将事先准备好的父母的结婚照拿出来，与同学交换欣赏。提醒学生思考：你心里是否曾想过，父母是如何决定共组家庭的？他们的恋爱史又是怎样的呢？

(2) 在你心中，设想过自己未来伴侣的形象吗？请把他(她)画下来，并说明他(她)的特点。

(3) 教师引导：经营一个家，就像耕耘一块田，必须要有付出。未来的你也会有一个属于自己的家，你愿意为打造它而准备什么呢？请学生思考并写下来。

(1) 我期待我未来的家是：________________________________

(2) 在家庭中，我将扮演的角色是：________________________

(3) 为了我未来的家，我要努力的事情是：__________________

(4) 请志愿者发表自己的意见，并给予积极的反馈和总结。

【小组分享】

从这个活动中你有什么发现？有哪些收获？请说出自己心中最真实的感受。

【注意事项】

在组织学生分享感受时，教师要多鼓励大家，不可强迫，而且要对学生的意见给予积极的回馈和引导。

第八章　情绪管理

第一节　认识情绪

心灵故事

看到美丽的风景，我们会心情愉悦；取得学业的进步，我们会欢欣鼓舞；得到他人的帮助，我们会心存感激；遇到意外的失败，我们会伤心难过；遭到他人的误解，我们会愤怒恼火……情绪使我们的心理世界变得丰富多彩，使我们品尝到人生百味。你现在的心情如何？是开心、喜悦，还是焦虑、烦恼？我们有时感到愉快和喜悦，有时感到悲伤和忧愁，有时会气愤和郁闷，有时会羡慕和钦佩……各种各样的情绪构成了五彩缤纷的心理世界。设想一下，如果你可以思考和活动，却感受不到情绪，生活将会怎样？你是否愿意以放弃快乐为代价而远离悲伤？显然这不是什么好交易。无论是积极情绪还是消极情绪，它们都是一个人内心世界的真实反映，每时每刻伴随着我们。那么，情绪究竟是什么呢？情绪有哪些表现呢？怎样觉察自己的情绪和识别别人的情绪？情绪有哪几种？让我们一起来揭开情绪的面纱吧。

典型案例

情绪会传染吗

王强和好朋友张琦在操场上吵架了，来到教室后，王强心情仍然不好，这时他的同桌小美兴高采烈地向他借辅导书，他没好气地拒绝了。小美被王强拒绝后，本来大好的心情一下就变得不好了，心里很不舒服，于是把让她帮忙借书的刘力数落了一番。被数落后的刘力当然心里也很难过，只不过是让小美帮忙借本书，怎么感觉像自己做错了什么似的，当他回到家后，刚好看到妹妹在他的房间玩，心情不好的他没好气地把妹妹赶了出去，责备她为什么乱动自己的东西。妹妹觉得哥哥今天很不正常，很生气，回到自己的房间，看到猫在那里“喵喵”叫，于是一脚把这只猫踢到门外。

【想一想】

情绪有时候很调皮，它会控制我们，让我们做出一些不恰当的行为，给我们带来麻烦。当你有了负面情绪，你会如何处理？

测一测

情绪自我测评表

下面 15 个题目可用来了解自己的积极影响能力。请根据目前自己的实际情况，如实回答“是”或“否”，并填在题号后的括号里面。

(1) 我在过去的 24 小时里帮助过一个人。(　　)

(2) 我是一个非常懂礼貌的人。(　　)

(3) 我喜欢与心态积极的人相处。(　　)

(4) 我在过去的 24 小时里夸奖过一个人。(　　)

(5) 我有一种本领，能让别人心情愉快。(　　)

(6) 与心态积极的人在一起时，我的学习效率更高。(　　)

(7) 在过去的 24 小时里，我告诉一个人，我对他/她很关心。(　　)

(8) 我每到一个地方，都刻意结识别人。(　　)

(9) 我每次受到表扬，都想表扬别人。(　　)

(10) 上星期，我听别人诉说她/他的目标和理想。(　　)

(11) 我能让心情不好的人笑。(　　)

(12) 我刻意以我的同学喜欢的方式称呼他们。(　　)

(13) 我关注同事们的优秀表现。(　　)

(14) 我见到别人时总是笑容满面。(　　)

(15) 见到别人的优秀表现，及时给予表扬，使我心情舒畅。(　　)

【测试说明】

计分方法：回答“是”记 1 分，回答“否”记 0 分，然后将所有的得分相加，即为测试总分。

结果解释：如果测试总分在 6 分以下，说明你有较多时间处于消极情绪之中。

知识导读

情绪是什么

情绪是一种非常复杂的心理现象，在人的心理世界中，情绪扮演着重要的角色，它是心理活动的色彩和背景，也是我们学习和生活的“染色剂”。愤怒会激发人们为争取自己的权利和自由而抗争；恐惧使人躲避危险，寻求安全；悲伤能缓解心中的痛苦，让我们开始新的生活；快乐会提高我们的学习和工作效率。大大小小的事件组成了我们的生活，而每一件事情都可能伴随喜、怒、哀、乐等感受，不同的感受又会影响我们处理每一件事的方法和态度，这些体验就是情绪。

情绪还伴随着相应的外部表现和生理反应。主观体验、外部表现、生理反应三者共同构成了丰富、美妙的情感世界。

(1) 主观体验是个体的感受，如愉快、不安、平和、紧张、厌恶、嫉妒、愤怒等。

(2) 外部表现是个体的表情和行为，如眉头紧锁、眉开眼笑、嘴角下垂、肌肉紧绷等表情变化，或鼓掌、骂人、打人、摔东西等行为动作。

(3) 生理反应是个体机体上的变化，如血流加快、心跳加速、呼吸加快、手心出汗等。

情绪的类别

情绪从性质上来讲，基本可以分为积极情绪和消极情绪两大类。

积极情绪，是指对有机体起振奋作用，对人体的生命活动起积极作用的一种情绪。它能为人们的神经系统增添新的力量，能充分发挥有机体的潜能，提高脑力和体力劳动的效率和耐久力。

消极情绪，是指在某种具体行为中，由外因或内因影响而产生的不利于人继续完成工作或者正常思考的情感，与积极情绪相对。

积极情绪与消极情绪是相对而言的，面对生活的压力，若积极情绪战胜了消极情绪则会促进人的进步，激发人性的优点；若消极情绪战胜了积极情绪则会阻碍人的进步，激发人性的缺点。

情绪无好坏之分，可是由情绪引发的行为和行为的后果却有好坏之别。所以，情绪管理并非是消灭情绪，也没有必要消灭，而是疏导情绪，并合理化情绪之后的信念与行为。

中学生的消极情绪有哪些

(1) 淡漠：人人都有喜、怒、哀、乐，这是正常的情绪反应。人有七情六欲，如果一个人对外界的事情缺乏相应的情感反应，凡事漠不关心、冷淡、退让，则是情绪不健康的表现。

(2) 喜怒无常：正常人的情绪会因情境的变化而发生变化，喜怒无常则是在同样情境下，时而喜，时而怒，不能控制自己的情绪。

(3) 嫉妒：当别人在某些方面，尤其是在我们看重的方面胜过自己时，就会引起我们的不快，甚至会感到痛苦。

(4) 焦虑：焦虑开始于对某种事物的热烈期盼，形成于担心失去这些期盼。适度焦虑有益于集中精力和注意力听课、复习，也有利于个体潜能的开发。但是，过度焦虑往往会使人注意力分散和学习效率降低，还会使人产生一系列的负面情绪，如烦躁、压抑、愁苦，常表现为不能集中精力，坐立不安，失眠或经常在梦中惊醒等行为。如果长期陷入焦虑情绪不能自拔，内心便常常被不安、恐惧、烦恼等负面体验充斥，行为上会出现退缩、冷漠等情况。

(5) 自卑：自卑是一个人轻视自己，认为自己不如他人的情绪体验。有自卑心理的人在人际交往中往往缺乏自信，认为自己这也不行，那也不行。他们处事谨小慎微，凡事都靠边站，缺乏进取心，因此错过了许多发展的机会。有调查显示，自卑心理是中学生人际交往障碍的首要因素。

策略训练

策略一：觉察自己的情绪

(1) 当听到手机里播放自己喜欢的音乐时，我的感觉是____________________，这感觉就像____。

(2) 当考试失败时，我的感觉是________________________________，这感觉就像____。

(3) 当一次愉快的谈话结束时，我的感觉是__________________________，这感觉就像____。

(4) 当手机不小心掉进厕所时，我的感觉是__________________________，这感觉就像____。

(5) 当赢得一场精彩比赛时，我的感觉是__________________________，这感觉就像____。

策略二：适当表达自己的情绪

以与朋友约会而朋友迟到的例子来看，你之所以生气可能是因为他让你担心。在这种情况下，你可以委婉地告诉他：你过了约定的时间还没到，我好担心你在路上发生意外。试着把“我好担心”的感觉传达给他，让他了解他的迟到会带给你什么感受。什么是不适当的表达呢？例如，你指责他：“每次约会都迟到，你为什么不考虑我的感受？”当你指责对方时，也会引起他的负面情绪，他会变成一只刺猬，忙着防御外来的攻击，没有办法站在你的立场为你着想，他的反应可能是：“路上塞车嘛！有什么办法，你以为我不想准时吗？”如此一来，两人开始吵架，就别提什么愉快的约会了。如何适当地表达情绪是一门艺术，需要用心体会、揣摩，更重要的是，要切实应用于生活中。

策略三：以适当的方式缓解情绪

缓解情绪的方法有很多：有的人会痛哭一场；有的人会找三五好友倾诉一番；有的人会逛街、听音乐、散步或强迫自己做其他事情，以免老想起不愉快。缓解情绪的目的在于给自己一个厘清想法的机会，让自己有勇气去面对未来。如果缓解情绪的方式只是暂时逃避痛苦，之后需承受更多的痛苦，这便不是一个适当的方式。有了不舒服的感觉，要勇敢地面对，仔细想想，为什么这么难过、生气？我可以怎么做将来才不会再重蹈覆辙？怎么做可以降低我的不愉快？这么做会不会带来更大的伤害？从这几个角度选择适合自己且能有效缓解情绪的方式，才是比较理性、明智的情绪缓解方式。

反观自我

问一问

(1) 我了解自己的情绪特点吗？
(2) 我能随时觉察自己的情绪变化吗？
(3) 我能适当表达自己的情绪吗？
(4) 当觉察到情绪变化后，我通常是怎么解决的？
(5) 我经常用哪些方法缓解自己的情绪呢？

想一想

阅读下面的小故事，说说你受到了什么启发。

换个角度想问题

有一天，一个失恋的人在公园哭泣。
这时一位哲学家走来轻声地问她：“你怎么啦？为何哭得如此伤心？”
失恋的人回答说：“我好难过……为何他要离我而去？”
不料这位哲学家却哈哈大笑，并说：“你真笨！”

失恋的人很生气地说："你怎么这样，我失恋了，很难过，你不安慰我就算了，还骂我。"

哲学家回答说："傻瓜，这根本就不用难过啊，真正该难过的是他。因为你只是失去了一个不爱你的人，而他却失去了一个爱他的人及爱人的能力！"。

换个角度看问题，我们的生活就会多一点阳光，多一点快乐。

(资料来源：http://blog.renren.com/share/238374097/5815215605)

活动拓展

活动主题：我的情绪天气

【活动目标】

让学生对情绪有初步认识并了解自己的情绪特点，学会适当地表达个人情绪。

【活动准备】

材料：写有情绪词语的卡片、花、音乐。

人员：每6～8人为一小组，学生以小组为单位坐在一起。

【活动过程】

1. 情绪气象台：播报情绪天气

目的：让同学们认识到情绪的多样性，并深刻了解同样的情绪也会有不同的心理感受，对自己的情绪状态有一个初步的认识。

请同学在小组内用以下形式播报一下自己现在的情绪状态(每个人都要播报)。

情 绪 天 气
天气：(晴、多云、阴、小雨、大雨、暴雨)
气温：(−10℃～10℃)
风力：(1～10级)
情绪指数：(最多5颗星)

2. 情景表演：大家都来演一演、猜一猜

目的：让同学们意识到不同的人有不同的情绪表达方式，同样是生气，有人咬牙切齿、面目狰狞，有人则闭口不语、面无表情。而表达方式无所谓对或者错，每个人都有自己的表达方式，有些人会很明确地表达自己的感觉、情绪，但是这并不表示他的情绪表达方式是对的。

(1) 准备一些写有表示情绪词语(愉快、喜悦、悲痛、伤心、生气、愤怒、害怕、惊恐……)的卡片。

(2) 每组派一个同学上前抽取两个情绪词语卡片，然后组内讨论如何将卡片上的情绪通过动作表达出来，注意事先不能让其他小组的同学知道。

(3) 各小组轮流表演，表演完后，其他小组猜他们表演的是什么情绪？并且学会分辨正面情绪和负面情绪。

(4) 各组全部表演完后，评选出最佳表演组(即该小组表演的情绪一目了然)。

(5) 讨论参加此活动的心得。

3. 角色互换、一吐为快

目的：让同学们意识到不同的人对同一件事感觉不同，所引发的情绪也不同，学会正视自己的情绪，培养自己的积极情绪。

在情绪气象台活动中，同学们播报了自己的情绪天气，现在我们再来进一步讨论情绪。你最近有什么不顺心的事或不良情绪吗？是怎么引起的，请和你的组内同学说一说，向他倾诉你的烦恼。

(1) 两人一组，固定时间为 10 分钟，每个同学有 5 分钟倾诉时间。

(2) 在一个同学倾诉时，另一个同学只能倾听，通过一定的语言、动作和表情表达自己对对方情绪状态的理解，不得插入关于自己的情绪话题。

(3) 时间到，双方立刻交换身份，不得拖延。

(4) 双方都倾诉完后，互相交换如果自己遇到对方的事情，会怎么做，会是怎么样的情绪反应和表现。

4. 游戏：快乐处处有

目的：让学生意识到美好的事物随处可在，只要我们善于发现，很多小细节都可以让我们拥有愉悦的情绪。

播放一段音乐，在同学中“击鼓传花”，老师随时停下音乐，音乐停，花传到谁手上谁就负责逗大家开心，可以是讲笑话、扮丑脸、讲故事……

【小组分享】

今天的活动中，你体会到了什么？有什么收获？

【注意事项】

(1) 注意每一项活动时间的把控，整个活动的时间最好控制在一节课之内。

(2) 情绪词语卡片需提前制作好，每组人数最好均等，以 6～8 人为最佳。

(3) 学生倾诉环节要引导学生说出自己真实的感受，并提醒同学倾听时要注意什么。

第二节　和情绪做朋友

心灵故事

在美国，一位叫塞尔玛的女士随丈夫从军。她没想到部队驻扎在沙漠地带，住的是铁皮房，与周围的人语言不通，而且当地气温奇高，仙人掌的阴影下都高达52℃。更糟的是，后来她的丈夫奉命远征，只留下她孤身一人在军营。因此她整天愁眉不展，度日如年。无奈中，她只得写信给父母，希望回家。不久后，她收到了回信，拆开一看后，大失所望。信封里只是一张薄薄的信纸，上面写着短短几行字："两个人从监狱的铁窗往外看，一个人看到的是地上的泥土，另一个人却看到的是天上的星星。"

塞尔玛心里想着父母怎么这么狠心？但尽管如此，这几行字还是引起了她的兴趣。她反复琢磨，终于有一天，灵光一闪，惊喜异常，紧皱的眉头也一下子舒展开了。原来从这短短的几行字里，她发现了自己的问题所在：她过去总习惯低头看，结果只能看到泥土，自己为什么不抬头看呢？抬头看，就是满天的星星！

其实，面对同样的处境，解释不一样，结果也迥异不同：一个是无限的痛苦，另一个是不尽的快乐；一个是阴雨连绵，另一个是阳光灿烂。对于塞尔玛来说，改变的不是环境，而是她的视角和心态，这其实就是合理情绪疗法(情绪ABC理论)在生活中的运用。情绪归根到底还是主观的，别人可以任意按动我们的情绪按钮，可是情绪的心理程序却是由我们编写的。即便有了情绪，我们也可以改写我们的情绪，和它像好朋友一样和平相处。

典型案例

小林怎么总是不开心

小林和叶子两个人一起在街上闲逛，迎面碰到他们的班长，但班长没有与他们打招呼，径直走了过去。叶子心想："他可能正在想别的事情，没有注意到我们。即使是看到我们而没理睬，也可能有什么特殊的原因。"因此她也没有多想，继续观察自己喜欢的东西。而小林却认为："是不是上次顶撞了他一句，他就故意不理我了，下一步可能就要故意找我的岔了。"为此她很不开心，都没办法安心逛街了。

第二天，小林又不开心了。手工课后，老师留她和雯雯多练习了 10 分钟。小林认为，老师在故意折磨她，成心跟她作对，因此对老师产生了厌恶甚至对立情绪。而雯雯则认为老师是为自己好，是在帮助她增强技能，因此更加喜欢老师了。

【想一想】

两种不同的想法就会导致两种不同的情绪和行为反应。在合理情绪疗法中，这两种不同的想法被称为合理的信念和不合理的信念。合理的信念会引起人们对事物适当、适度的情绪和行为反应；而不合理的信念则相反，往往会导致不适当的情绪和行为反应。当人们坚持某些不合理的信念，长期处于不良的情绪状态之中时，最终将导致情绪障碍的产生。情绪虽然是由刺激引发的，但情绪是否发生，会发展到什么程度，则是由我们主观决定的。

测一测

不合理信念测试

请认真阅读表 8-1 所示的 11 道题目，并根据你的答案记录得分。

表 8-1　不合理信念测试

题目	有道理	说不清	无道理
(1) 人应该得到自己生活中每一位重要人物的喜爱与赞许	1	0	−1
(2) 一个有价值的人应该在各方面都比别人强	1	0	−1
(3) 对犯错误的人应该给予严厉的惩罚与制裁	1	0	−1
(4) 如果事情非己所愿，将是可怕的	1	0	−1
(5) 不愉快的事情是由外在因素引起的，自己不能控制与支配	1	0	−1
(6) 面对困难与责任很不容易，不如逃避更好	1	0	−1
(7) 要随时警惕可能有危险的事，经常提防其发生的可能性	1	0	−1
(8) 人要活得好一点，就必须依赖比自己强的人	1	0	−1
(9) 以往的经历和事件对现在具有决定性的、难以改变的影响	1	0	−1
(10) 对他人的问题应该非常关切	1	0	−1
(11) 任何问题都有一个唯一正确的答案	1	0	−1

【测试说明】

计算总分，分数越低，表明你的不合理信念越少。

(资料来源：https://wenku.baidu.com/view/ef534744961ea76e58fafab069dc5022abea4637.html)

知识导读

情绪 ABC 理论

情绪 ABC 理论是由美国心理学家埃利斯提出的，即认为激发事件 A(activating event)只是引发情绪和行为后果 C(consequence)的间接原因，而引起 C 的直接原因则是个体对激发事件 A 的认知和评价而产生的信念 B(belief)。也就是说，人的消极情绪和行为障碍结果不是由于某一激发事件直接引发的，而是由于经受这一事件的个体对它不正确的认知和评价所产生的错误信念所直接引起。错误信念也称为不合理信念。

如图 8-1 所示，A 指激发事件，是事情的前因，C 指事情的后果，有前因必有后果，但是有同样的前因 A，产生了不一样的后果 C_1 和 C_2。这是因为从前因到结果之间，一定会经过一座桥梁 B，这座桥梁就是信念和我们对情境的评价与解释。又因为同一情境之下(A)，不同的人的理念以及评价与解释不同(B_1 和 B_2)，所以会得到不同结果(C_1 和 C_2)。因此，事情发生的一切根源缘于我们的信念、评价与解释。

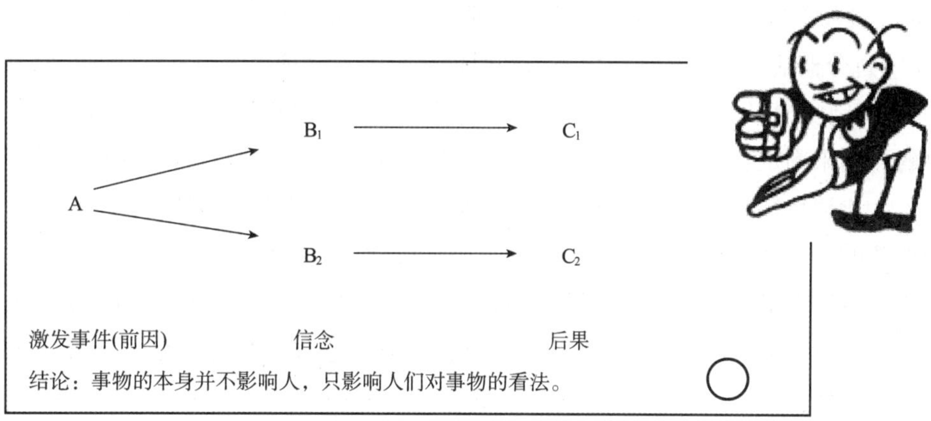

图 8-1　情绪 ABC 理论示意

埃利斯认为，正是由于我们常有的一些不合理的信念才使我们产生情绪困扰，如果这些不合理的信念长期存在，还会引起情绪障碍。情绪 ABC 理论中，A 表示激发事件；B 表示个体针对此激发事件产生的一些信念，即对这件事的一些看法、解释；C 表示个体产生的情绪和行为的结果。

通常人们会认为激发事件 A 直接导致了人的情绪和行为结果 C，发生了什么事就引起了什么情绪体验。然而，你有没有发现，同样一件事对于不同的人，会引发不同的情绪体验。同样是报考钢琴十级，两个人都没有通过，一个人无所谓，而另一个人却伤心欲绝。

为什么？就是个体对激发事件 A 的看法、解释 B 在作怪。一个人可能认为，这次考试只是试一试，考不过也没关系，下次可以再来；另一个人可能认为，我精心准备了那么长时间竟然没通过，是不是我太笨了，我还有什么用啊，人家会怎么评价我。于是，不同的 B 带来的 C 大相径庭。

不合理信念的特征

依据情绪 ABC 理论，分析日常生活中的一些具体情况，我们不难发现人的不合理信念常常具有以下三个特征。

(1) 绝对化的要求。绝对化的要求是指人们常常以自己的意愿为出发点，认为某事物必定发生或不发生的想法。它常常表现为将“希望”“想要”等绝对化为“必须”“应该”或“一定要”等，例如“我必须成功”“别人必须对我好”等。这种绝对化的要求之所以不合理，是因为每一个客观事物都有其自身的发展规律，不可能依个人的意志为转移。对于某个人来说，他不可能在每一件事上都获得成功，他周围的人或事物的表现及发展也不会依他的意愿而发生改变。因此，当某些事物的发展与其对事物的绝对化要求相悖时，他就会感到难以接受和适应，从而极易陷入情绪困扰之中。

(2) 过分概括化。过分概括化是一种以偏概全的不合理思维方式的表现，它常常把“有时”“某些”过分概括化为“总是”“所有”等。用埃利斯的话来说，这就好像凭一本书的封面来判定它的好坏一样。过分概括化具体体现在人们对自己或他人的不合理评价上，典型特征是以某一件或某几件事来评价自身或他人的整体价值。例如，有些人遭遇失败后，就会认为自己一无是处、毫无价值，这种片面的自我否定往往导致自卑自弃、自罪自责等不良情绪。而这种评价一旦指向他人，就会一味地指责别人，产生怨忿、敌意等消极情绪。我们应该认识到，“金无足赤，人无完人”，每个人都有犯错误的可能性。

(3) 糟糕至极。这种观念认为如果一件不好的事情发生，那将是非常可怕和糟糕的。例如，“我没考上大学，一切都完了。”“我没当上处长，不会有前途了。”这种想法是非理性的，因为对任何一件事情来说，都会有比之更坏的情况发生，所以没有一件事情可被定义为糟糕至极。但如果一个人坚持这种糟糕至极的观念时，那么当他遇到所谓的百分之百糟糕的事时，他就会陷入不良的情绪体验之中而一蹶不振。

因此，在日常生活和工作中，当遭遇各种失败和挫折，要想避免情绪失调，就应多检查一下自己的大脑，看是否存在一些绝对化要求、过分概括化和糟糕至极等不合理信念，如有，就要有意识地用合理信念取而代之。

策略训练

策略一：找出诱发刺激的事件

觉察自己的情绪状态，区分积极情绪与消极情绪，找出使自己产生异常紧张等不良消极情绪的诱发事件，例如当众讲话、考试、学业压力、人际关系等。

策略二：进行自我剖析

分析、挖掘自己对诱发事件的解释、评价和看法，即由它引起的信念。从理性的角度去审视这些信念，并且探讨这些信念与所产生的消极情绪之间的关系。认识到异常的紧张情绪之所以发生，是由于自己存在不合理的信念，这种有失偏颇的思维方式应当由自己负责。

策略三：转变不合理信念

扩展自己的思维角度，与自己的不合理信念进行辩论，动摇并最终放弃不合理信念，学会用合理的思维方式代替不合理的思维方式。还可以通过与他人讨论或实际验证的方法来辅助自己转变思维方式。

策略四：树立合理信念

随着不合理信念的消除，消极情绪开始减少或消除，引发更为合理、积极的行为方式。行为所带来的积极效果又促进合理信念的巩固，并产生轻松、愉快的情绪。最后，个人通过情绪与行为的成功转变，从根本上形成合理的思维方式，不再受消极情绪的困扰。

反观自我

问一问

我和同学约好去看电影，我按时到电影院门口等他，可足足等了半个小时还不见他的踪影。消极想法：他太不拿我当回事了！

产生的情绪：愤怒。

我打算：

(1) 马上走掉，不再理他。当时泄愤了，心里很__________________；我回家以后的情绪________________；我们俩的关系会________________。

(2) 等他来了后骂他几句，然后看电影的心情________________；我看他很郁闷，我的心情___________。

(3) 等他气喘吁吁跑来时，我会开个玩笑："幸亏你终于来了，那只近视的鸟错把我当一棵树，正打算在我肩膀上孵蛋呢。"他会________________。

想一想

阅读下面的小故事，说说你受到了什么启发。

十只狐狸的故事

在一位农夫的果园里，紫红色的葡萄挂满了枝头，令人垂涎欲滴。盛夏酷暑，一群口干舌燥的狐狸来到了葡萄架下。一串串晶莹剔透的葡萄挂满枝头，狐狸们馋得直流口水，可是葡萄架很高。

第一只狐狸，跳了几下摘不到，从附近找来一个梯子，爬上去满载而归。

第二只狐狸，它发现以它的个头这辈子是无法吃到葡萄了，因此，它心里想，这个葡萄肯定是酸的，吃到了也很难受，还不如不吃。于是，它心情愉快地离开了。

第三只狐狸，高喊着"下定决心，不怕万难，吃不到葡萄死不瞑目"的口号，一次又一次跳个没完，累死在葡萄架下。

第四只狐狸，它仰望着葡萄架，心想既然我吃不到葡萄，别的狐狸肯定也吃不到，如果这样的话，我也没什么好遗憾的了，反正大家都一样。

第五只狐狸，它站在高高的葡萄架下，心情非常不好，它在想为什么我吃不到呢，我的命运怎么这么悲惨呀，想吃个葡萄的愿望都满足不了，我的运气怎么这么差啊？越想越郁闷，最后郁郁而终。

第六只狐狸，它尝试着跳起来去摘葡萄没有成功，它试图让自己不再去想葡萄，可是它抵抗不了诱惑，它还试了一些其他的办法也没有见效。它听说有其他狐狸吃到了葡萄，心情更加不好，最后它一头撞死在葡萄架下。

第七只狐狸，因吃不到葡萄而破口大骂，"哪个该死的，把葡萄架弄这么高？"被主人听到，一棒子打死。

第八只狐狸，抱着"我得不到的东西绝不让别人得到"的阴暗心理，一把火把葡萄园烧了，遭到其他狐狸的共同围剿。

第九只狐狸，因为吃不到葡萄气极发疯，蓬头垢面，口中念念有词："吃葡萄不吐葡萄皮……"

第十只狐狸，跳了几次发现摘不到，心想这里有葡萄，搞不好旁边还有其他水果，于是跑开去寻找，在不远处找到了西瓜园，于是大吃一顿西瓜。

同样一件事情，不同的狐狸有不同的看法，最后结果也完全不一样。

(资料来源：http://www.yaochengzhang.com/551.html，作者有修改)

活动拓展

活动主题：改变情绪的心理程序

【活动目标】

学会使用情绪 ABC 理论，转变自己平时可能出现的不合理信念。

【活动准备】

纸、笔。

【活动过程】

(1) 侦测自己的不合理信念：分别列出引发不良情绪的事件和认识，不要让它们老是盘旋在你的头脑中，想到什么写什么。非理性信念往往与“应该”“最好”“必须”“总是”“绝对”等词语结合。

(2) 辩论：当所有想法都写下来后，对每一种想法进行分析，找出你的认知失真，准确地揭示你对事实的歪曲，与自己的不合理信念辩论。

(3) 替代：练习对失真的思想进行无情的反击，用合理的信念代替不合理的信念。

模板如表 8-2 所示。

表 8-2　改变不合理信念训练模板

项目	具体内容
问题情境(A)	
不合理信念(B)	
情绪/行为反应(C)	
反驳不合理信念(D)	
处理问题的态度(E)	

范例如表 8-3 所示。

表 3　改变不合理信念训练范例

项目	具体内容
问题情境(A)	当众发言
不合理信念(B)	我一定要表现得很好，否则会被人笑话的

(续表)

项目	具体内容
情绪/行为反应(C)	紧张、焦虑、浑身发抖，无法集中注意力
反驳不合理信念(D)	● 如果我没表现好，结果真的有那么糟糕吗？别人会整日无事可干，天天评论我吗？ ● 我想表现好，就一定能表现得好吗？有些结果怎样并不完全由我控制。 ● 我为什么非要表现那么好？难道敢于尝试不是一种勇气吗？ ● 别人难道就一定比我强吗
处理问题的态度(E)	● 如果我继续坚持这个信念，我会更焦虑，而且会更糟。 ● 你想紧张就紧张吧，你想脸红就脸红吧，爱怎样就怎样吧

(4) 建立自己的快乐银行，想出令自己感到快乐的事，填在下面的横线上。

当我睡了一个好觉的时候，我觉得很快乐。

当我听到一首非常好听的歌时，我觉得很快乐。

当我________________的时候，我觉得很快乐。

当我________________的时候，我觉得很快乐。

当我________________的时候，我觉得很快乐。

当我________________的时候，我觉得很快乐。

当我________________的时候，我觉得很快乐。

【小组分享】

使用改变情绪的心理程序解决日常生活中的情绪事件，仔细体会有什么不一样的感受？

【注意事项】

(1) 切实掌握情绪 ABC 理论。

(2) 按照正确的步骤来执行训练过程。

(3) 不合理信念的转变是一个长期的过程，不是一蹴而就的。

第三节　管理好你的“愤怒怪”

心灵故事

有一个男孩脾气很坏，常常发脾气。于是他的父亲就给了他一袋钉子，并且告诉他，每当他发脾气的时候就钉一根钉子在后院的围篱上。第一天，这个男孩钉下了 37

根钉子。慢慢地，每天钉下的钉子数量减少了。他发现控制自己的脾气要比钉下那些钉子来得容易些。

终于有一天，这个男孩再也不会失去耐性乱发脾气，他告诉他的父亲这件事。父亲告诉他，从现在开始，每当他能控制自己的脾气的时候，就拔出一根钉子。一天天地过去了，最后男孩告诉他的父亲，他终于把所有钉子都拔出来了。父亲握着他的手来到后院说："你做得很好，我的好孩子。但是看看那些围篱上的洞，这些围篱将永远不能恢复成原样。你生气的时候说的话就像这些钉子一样留下疤痕。如果你拿刀子捅别人一刀，不管你说了多少次对不起，那个伤口将永远存在。"话语的伤痛就像真实的伤痛一样令人无法承受。

读完上边的故事，你有什么感受？伤人以言，深于矛戟。愤怒时会使人阻塞思维、丧失理智，导致损物伤人，甚至犯罪，很多违法乱纪的事情就是在愤怒之下发生的。这一节我们就来学习一下，如何控制我们的"愤怒怪"。

典型案例

动不动就爱发脾气

"你骑车不长眼！没看到前面有人啊？"张亮气冲冲地对着小宇嚷。

"谁让你走在马路中间？撞死你活该！"小宇没好气地说。

"你说话文明点好不好？"张亮更加生气了，"撞了人还理直气壮？……"

两人吵着吵着就动起了手。最后，两人因为打架被校长叫到了办公室写检讨。

张亮动不动就爱发脾气，只要稍有不顺心的事，他就很难控制自己的情绪，总要拿哪个人或哪件东西来出出气。上课受批评，跟老师怄气；同学们不小心碰到他，他就会发脾气。总而言之，他就是喜欢发脾气。而且，他的脾气还有个特点，那就是总怪别人不好，因而总要骂人、摔东西，把别人当成"出气筒"。比如，上课玩东西被没收了，跟老师发脾气说"小心你的玻璃窗，哪天我给你砸烂"；同学扫地时，扫把不小心碰到了他的脚，就骂同学，别人反抗就动手，人人都把他当成不定时炸弹，谁惹他谁倒霉。

【想一想】

在日常生活中，你是否也像张亮一样，动不动就和父母、老师或同学发脾气？古希腊学者毕达哥拉斯说："愤怒以愚蠢开始，以后悔告终。"在想要发怒的时候，你会如何处理呢？

测一测

你的情绪稳定吗

你的情绪是稳定的吗？完成下面的题目，了解自己的情绪状况。

(1) 我有能力克服各种困难。

A. 是的　　B. 不一定　　C. 不是的

(2) 猛兽即使是关在铁笼里，我见了也会惴惴不安。

A. 是的　　B. 不一定　　C. 不是的

(3) 如果我能到一个新环境，我要(　　)。

A. 把生活安排得和从前不一样

B. 不确定

C. 和从前相仿

(4) 我一直觉得我能达到所预期的目标。

A. 是的　　B. 不一定　　C 不是的

(5) 我在小学时敬佩的老师，到现在仍然令我敬佩。

A. 是的　　B. 不一定　　C. 不是的

(6) 不知为什么，有些人总是回避我或对我很冷淡。

A. 是的　　B. 不一定　　C. 不是的

(7) 我虽善意待人，却常常得不到好报。

A. 是的　　B. 不一定　　C. 不是的

(8) 在大街上，我常常避开我不愿意打招呼的人。

A. 极少如此　　B. 偶尔如此　　C. 有时如此

(9) 当我聚精会神地欣赏音乐时，如果有人在旁高谈阔论，我会感到恼怒。

A. 我仍能专心听音乐　　B. 介于A与C之间　　C. 不能专心并感到恼怒

(10) 我不论到什么地方，都能清楚地辨别方向。

A. 是的　　B. 不一定　　C. 不是的

(11) 我热爱我所学的知识。

A. 是的　　B. 不一定　　C. 不是的

(12) 生动的梦境常常干扰我的睡眠。

A. 经常如此　　B. 偶尔如此　　C. 从不如此

(13) 季节或天气的变化一般不影响我的情绪。

A. 是的　　B. 介于A与C之间　　C. 不是的

【测试说明】

根据表 8-4 计算总分。

表 8-4　情绪稳定程度测试计分表

题号	选项得分		
	A	B	C
(1)	2	1	0
(2)	0	1	2
(3)	0	1	2
(4)	2	1	0
(5)	2	1	0
(6)	0	1	2
(7)	0	1	2
(8)	2	1	0
(9)	2	1	0
(10)	2	1	0
(11)	2	1	0
(12)	0	1	2
(13)	2	1	0

17～26 分：情绪稳定。你的情绪稳定，性格成熟，能面对现实；通常能沉着地应对现实中出现的各种问题；行动充满魅力，有勇气，有维护团结的精神。

13～16 分：情绪基本稳定。你的情绪有变化，但不大，能沉着地应对现实中出现的一般性问题。然而在大事面前，你不免受环境影响，有时会急躁不安。

0～12 分：情绪激动。你的情绪较易激动，容易产生烦恼；不容易冷静地应对生活中遇到的各种阻挠和挫折，容易受环境影响而心神动摇；不能面对现实，常常急躁不安、身心疲乏，甚至失眠等。要注意控制和调节自己的心情，使自己的情绪保持稳定。

知识导读

愤怒情绪失控的危害

1. 恶化人际关系

处在青春期的中学生与同伴交往的愿望非常强烈，渴望获得同伴的友谊。但是他们的情绪表现又常常相当激烈、粗暴甚至容易失控。当愤怒情绪来袭时，他们很难自控，这时有些人会把自己的愤怒情绪通过表情、言语、动作表现出来，并发泄在同伴身上，这无疑会引起同伴的反感与敌视，造成与同伴之间的感情隔阂、情绪对立和关系紧张。这样不仅会导致同伴的疏远，使自己成为不受欢迎和孤立的人，还极易与同伴发生肢体上的冲突。

愤怒也容易使中学生对教师、家长，甚至陌生人产生敌对情绪，从而陷入师生关系、亲子关系等人际关系紧张和困扰之中。

2. 危害身心健康

愤怒会使人的神经系统出现紊乱，从而导致思想不集中，甚至失去理智。有格言说："怒气犹如重物，将破碎于它所坠落之处。"发怒容易诱发胃溃疡、高血压、冠心病、肝病、脑溢血、神经衰弱等病症，盛怒之下还会昏倒，甚至猝死。同时，由于愤怒情绪中往往伴随紧张、焦虑、抑郁、厌恶、轻蔑、敌对、痛苦等其他负面情绪，常被负面情绪笼罩的个体更容易出现心理问题，甚至会产生心理紊乱和精神疾病。

美国生理学家艾尔玛为了研究心理状态对健康的影响，设计了一个很简单的实验，把一支玻璃试管插在有冰和水的容器里(此时容器中冰水混合物的温度正好是 0℃)，然后收集人们在不同情绪状态下的"汽水"。结果，当一个人心平气和时，他呼出的气变成水以后澄清透明，无杂色；悲痛时，呼出的气变成水后有白色沉淀；生气时，呼出的气变成水后有紫色沉淀。他把人在生气时呼出的"生气水"注射到大白鼠的身上，几分钟后大白鼠就死了。原因分析：生气时人的生理反应十分剧烈，这时的分泌物比任何情绪时的分泌物都复杂，毒性更强。一个人如果在精神上受到重大创伤或打击，或长期感到恼怒，大约要缩短 2～3 年寿命。

3. 容易导致激情犯罪

青少年打架斗殴事件大多是因一时愤怒而失去理智造成的，有时他们甚至会做出违法犯罪的事情来。

激情是一种猛烈的、具有爆发性的情绪状态。激情犯罪是指犯罪人在激情状态下的犯罪。激情犯罪的主体多为青少年。愤怒是一种消极的激情状态，其原型常与搏斗和攻击行为相联系。被愤怒情绪控制的青少年，往往会出现思维迟钝、意识降低、失去理智等现象，很容易产生攻击冲动。有些青少年暴怒时与人拼命、打架、毁坏财物，往往会带来经济上的损失和对攻击对象身体上的伤害，严重的甚至发生违法行为和激情犯罪。

策略训练

策略一：宣泄

愤怒是我们平时最难管理的情绪之一。当愤怒发生时，身体中短时间内会聚集大量的能量，这时候就需要为这些能量找一个宣泄的出口。宣泄有合理宣泄和不良宣泄之分，有的中学生愤怒时采用言语攻击和身体攻击，或者是采用砸桌子、踹墙、割手腕、拔眉毛、吃东西等方式来宣泄内心的情绪，这些都是不良的宣泄。我们这里所说的宣泄是指合理的宣泄，通过合理的、不伤害自己和他人的方式来排解情绪。例如，采用打球、跑步、登山等运动的方式，采用痛哭、大喊、撕废纸等发泄的方式，采用想美事儿、说笑话、打电话、聊天等转移的方式都可以达到合理宣泄的目的。合理的宣泄可以减轻身心疲劳和缓解压力，使我们轻松、愉快地投入到学习中去。

策略二：控制

由于愤怒是一种容易产生种种不良后果的负面情绪，因此，需要对愤怒进行控制。人在愤怒的时候最容易失去理智做出一些后悔莫及的事，所以，当我们怒上心头时要及时用自己的理智来控制愤怒，告诉自己“生气没有意义，发火只会使一切更糟”。当愤怒的时候要从内心来控制自己，理智、及时地扼制自己的情绪。控制愤怒情绪的方法有很多，简便易行的有舌头在嘴里绕几圈、呼吸调节法、放松调节法、积极心理暗示法、音乐调节法等。

策略三：升华

“化愤怒为力量”，是一种将愤怒升华的方法。当愤怒发生后，先理性分析一下自己愤怒的原因。如果因为挫折而愤怒，就去寻找战胜挫折的方法；如果因为自卑而愤怒，就去寻找建立自信的方法；如果因为人际交往失败而愤怒，就去学习一些提高人际沟通和交往能力的小技巧并加以练习；如果因为学习成绩不佳而愤怒，就去寻找一些提高学习成绩的方法。这样，适当的愤怒不仅不会产生更大的危害，还可能成为你行为的推动力。

反观自我

问一问

(1) 今天谁让我生气了？
(2) 我回应他时，是怎么说或怎么做的？
(3) 我是怎么让别人不高兴的？
(4) 我这次处理得好不好？

想一想

阅读下面的小故事，说说你受到了什么启发。

爱地巴跑圈

从前有一个叫爱地巴的人，每次生气和人起争执的时候，他就会以很快的速度跑回家去，绕着自己的房子和土地跑 3 圈，然后坐在田边喘气。爱地巴工作非常努力，他的房子越来越大，土地也越来越广，但只要与人争论生气，他还是会绕着房子和土地绕 3 圈。爱地巴为何每次生气都绕着房子和土地绕 3 圈？所有认识他的人，心里都很疑惑，但是不管怎么问他，爱地巴都不愿意说明。

直到有一天，爱地巴很老，他的房子已经足够多，土地已经足够广。他生气的时候，拄着拐杖艰难地绕着房子和土地行走，等他好不容易走了 3 圈，太阳都下山了，爱地巴独自坐在田边喘气。他的孙子在身边恳求他："阿公，你年纪大，这附近地区也没有人的土地比你更多，您不能再像从前，一生气就绕着房子和土地跑啊！您可不可以告诉我这个秘密，为什么您一生气就要绕着房子和土地跑上 3 圈？"

爱地巴经不起孙子恳求，终于说出隐藏在心中多年的秘密，他说："年轻时，我若和人吵架、争论、生气，就绕着房子和土地跑 3 圈，边跑边想，我的房子这么小，土地这么少，我哪有时间，哪有资格去跟人家生气，一想到这里，气就消了，于是就把所有时间用来努力工作。"孙子问："阿公，你现在年纪大了，又变成了最富有的人，为什么还要绕着房子和土地跑？"爱地巴笑着说："我现在还是会生气，生气时绕着房子和土地走 3 圈，边走边想，我的房子这么大，土地这么多，我又何必跟人计较？一想到这，气就消了。"

(资料来源：http://blog.sina.com.cn/s/blog_641889790102wwum.html)

活动拓展

活动主题：驾驭心灵野马

【活动目标】

认识愤怒情绪，了解愤怒情绪背后深层的心理原因；通过体验和小组内互助合作的方式，认识自己情绪表达的方式，促进学生深刻内省和调整自我情绪的表达模式。

【活动准备】

白纸、彩笔、歌曲《你是我的花朵》。

【活动过程】

1. 热身活动：令出如山

目的：让学生在完成规定动作的过程中逐渐放松下来，并体验情绪的变化，促进学生逐渐融入团体。

播放歌曲《你是我的花朵》，既营造氛围，又作为令出如山的“令”。全体同学在场内随意走动，活动身体，教师播放歌曲，当音乐声暂停时，教师要立即给学生一个指令，如“张开嘴大笑”“原地起跳”“挤眉弄眼”等，学生要在第一时间做出相应动作。动作完成后，音乐继续，学生继续随意活动。整个过程可反复多次。学生逐渐放松下来，并体验到情绪的变化，促进学生逐渐融入团体。

2. 动物园：动物愤怒行为模仿

目的：让学生体验愤怒情绪的表达方式。

学生围成大圈，每人选择一种自己喜欢的动物，每个人都要出列模仿动物愤怒时的表情、声音、动作等。有些学生不善于表达或羞于表现，教师要给予真诚的鼓励和支持。此环节气氛会比较热烈，教师要有所掌控，避免恶作剧的出现。

3. 故事与心理剧：我有故事

目的：让学生在别人的故事中充分体验愤怒情绪，在讲故事和演绎心理剧的过程中了解愤怒情绪产生的原因及面对和处理具体事件的方法，让学生在体验过程中深刻反思，在身临其境中改变。

(1) 相邻的人组成小组，选出组长。

(2) 每人讲一个令自己感到愤怒的故事，要叙述完整，绘声绘色。由组长组织，组员彼此监督，尽可能让组内每一个人都讲述完自己的故事，不要出现厚此薄彼的现象。

(3) 每组选择一个最有代表性的故事，由组长组织，将故事改编为心理剧剧本，并确定角色，保证组内每一个人都参与其中。

(4) 给学生充分的准备时间，道具由各组成员自行安排，之后每组轮流上台表演故事。教师提前设置不同奖项，如最佳剧情奖、最佳表演奖、最佳道具奖等。请每组为其他组的表演做出点评，全班投票评出不同奖项，并给予奖励。奖励可以是实物，也可以是拥抱、鼓励等精神奖励。

4. 我想对你说

目的：通过写信的方式，触动学生的内心，让学生发自内心地想要改变自己不合理的情绪表达方式。

(1) 教师导语：如果我们把脾气比喻为火药桶，大多数人可能会说：“我完全不能控制引信的燃烧，甚至还没有看到引信的火苗，火药桶就已经轰然爆炸。”事实上，人的自我管理能力是非常强的，无论火药桶有多少条引信，控制权都掌握在自己的手里。因为一个人表达愤怒的途径非常多，而狂呼乱喊、恶言相向甚至大打出手，只能伤及无辜，扩大事态。控制愤怒绝非一日之功，需要持之以恒地磨炼自己，重要的是在这个过程中，我们可能会有意想不到的收获。例如，我们会发现以往屡屡刺激自己大发脾气的事情已经无足轻重，甚至可以一笑而过，人际关系更加融洽，呼吸顺畅，身心调和，幸福也会不期而至。

(2) 文字表达：给曾经被自己的愤怒情绪伤害过的人写一封信。有些同学情绪激动时可能会难以自制，教师要适当给予引导。

(3) 把自己的信分享给全班同学。根据时间或学生情绪变化情况，在课上安排自愿分享，不必轮流表达。

5. 总结

当我们怒发冲冠，当我们怒不可遏，当我们怒气冲天，当我们怒火万丈，当我们横眉怒目，当我们怒从心起……的时候，愤怒这匹野马就会脱缰而逃，将我们拖入深渊。可缰绳就在我们手中，愤怒这匹野马也是有灵性的，它听得懂你内心的声音。我们必须拉住缰绳，引导它奔向阳光升起的地方。同学们，不要被愤怒冲昏了头脑，做个深呼吸，调转马头，原来调转一个方向就会找到阳光、绿草和花香。让我们一起深呼吸……

【小组分享】

愤怒是什么？愤怒会给我们的生活和学习带来哪些影响？我们可以采取哪些方法应对愤怒？

【注意事项】

(1) 活动中一定要保证每一个同学都参与其中。

(2) 在写信分享环节，不要强迫学生分享，应采取自愿分享原则，主要把控学生的情绪变化。

(3) 对于勇于发言的学生要给予鼓励，心理剧表演过程中，注意学生互动时可能出现的冲突性事件。

第四节　挫折，让生命更精彩

心灵故事

花生的秘密

一日，我去见一位智者。“请问，怎样才能成功呢？”我恭敬地问。智者笑笑，递给我一颗花生：“它有什么特点？”我愕然。“用力捏捏它。”智者说。我用力一捏，当然被我捏碎的是花生壳，留下了花生仁。“再搓搓它。”智者说。我照着他的话做，毫无疑问，它红色的种皮也被搓掉了，只留下白白的果实。“再用手捏它。”智者说。我用力捏着，但我的手无法再将它破坏。“用手搓搓看。”智者说。当然，什么也搓不下来。虽屡遭挫折，却有一颗坚强的、百折不挠的心，这就是成功的秘密。

典型案例

我不想上学了

小鹏以音乐特长生的身份考入现在的高中，他对音乐非常热爱，因为他跟专业的音乐老师学习过，所以对自己很有信心。最近，学校在全体学生中招收音乐爱好者组建乐团，小鹏兴致勃勃地参加竞选，出乎意料的是他竟然落选了。小鹏回家后一句话也不说，觉得自己的音乐梦想破灭了，都不想去学校了，急得爸爸妈妈像热锅上的蚂蚁。

【想一想】

你的生活和学习是不是一直都如你所愿，一帆风顺呢？有没有遇到像小鹏这样的挫折呢？如果你是小鹏，你会怎样对待呢？

测一测

挫折承受力自我测试

下面各题，请根据自己的实际情况在答案后的括号里画“√”。

(1) 遇上难题时，你会动脑筋解决问题。 是(　) 否(　)

(2) 当困难落到自己头上时，你会认为是锻炼自己的好机会。 是(　) 否(　)

(3) 当你面临失败时，你会将失败变为成功。 是(　) 否(　)

(4) 即使在最困难时，你还是相信困难终将过去。 是(　) 否(　)

(5) 你相信自己能够战胜任何挫折。 是(　) 否(　)

(6) 你认为你受到的挫折与其他人遇到的困难相比，根本算不了什么。 是(　) 否(　)

(7) 你常常觉得生活很美好。 是(　) 否(　)

(8) 生病时你依然乐观。 是(　) 否(　)

(9) 有十分令人担心的事发生时，你仍会照常学习和生活。 是(　) 否(　)

(10) 当生活条件恶劣时，你会克服困难坚持学习。 是(　) 否(　)

(11) 大部分时间你都对未来充满信心。 是(　) 否(　)

(12) 不管生活条件有什么变化，你都能很快习惯。 是(　) 否(　)

【测试说明】

以上各题，选“是”计 1 分，选“否”计 0 分，请根据自己的情况算出总分。

0～4 分：说明你的挫折承受能力比较低，需要提高自己的挫折承受能力。

5～8 分：说明你有较强的挫折承受能力，但有时候对于困难也许会有所畏惧。

9～12 分：说明你的挫折承受能力很强，能够积极、乐观、充满信心地面对挫折。

知识导读

认识挫折

挫折是我们时常挂在嘴边的词儿，俗话说："人生不如意事十之八九"，也就是说我们在生活和学习中总会遇到这样或那样的压力或不顺。我们在学习上遇到了困难，主观上虽然做出了努力，但或许努力不够，未能克服困难，导致成绩落后，这就是最常见的学习上的挫折。我们经常遇到的挫折还有人际交往挫折、生活挫折、情感挫折等。

心理学上的挫折是指人们在某种动机的推动下，想要达到的目标受到阻碍，因无法扫除障碍而产生的紧张状态或情绪反应。人们由于某种需要引起相应的行动，如果需要不能顺利得到满足，就会形成挫折。挫折出现了，如果不能正确看待，就很容易引起心理矛盾，导致心理失衡，从而影响我们的身心健康和生活、学习。

挫折包括三方面的内容：其一是指存在的动机不能实现、需要不能满足的干扰情境，如考试不及格、没选上班干部等；其二是指对挫折情境的认知与评价，这种认知与评价的过程存在很大的个体差异；其三是指在对挫折认知与评价的基础上，产生情绪或行为反应，如愤怒、攻击、紧张、焦虑、退缩、逃避等。

挫折产生的原因

(1) 客观原因。由于客观条件的限制、自然规律的制约、社会因素的影响，人们可能会因无法达到预定的目标而陷入挫折的情境。例如，自然灾害的发生、亲人的生离死别、人际关系的紧张、大大小小的社会事件或生活事件等都是引起挫折的客观原因。

(2) 主观原因。个人的身体、心理条件差，知识储备、能力不足，努力程度不够或方法不正确，妨碍目标的顺利实现，也会产生挫折。例如，个子太矮无法当篮球队员，容貌不佳难圆明星梦，肢体残缺不能自由活动，考试不认真复习、投机心态导致成绩下滑等。这些主观上的个人原因，导致不能实现自己的愿望，都容易引起挫折感。

一个人是否感到挫折，通常与下列因素有关：

第一，刺激强度及其积累作用的强弱；

第二，目标对个人价值的大小；

第三，社会环境和舆论对个人压力的大小；

第四，个人志向水平的高低；

第五，个人的挫折容忍能力的大小。

策略训练

策略一：转换观念，换个角度看问题

挫折既是客观存在的，也是一种主观感受。对于同样的情景，有的人体验到了挫折感，而有的人却不以为然。可见，客观事实并不是导致挫折产生的主要原因，人们对客观事实所持的信念才是引起挫折的关键原因。我们的烦恼不是源于我们的遭遇，而是源于我们对世界的看法！因此，改变不合理的信念，就可以提高挫折承受力。

我们要学会转换观念看待压力和挫折，比如：

目前困境：因为他人对我挑剔，所以我不开心。

转换方法：情景不变，结果改为反义词。“因为”置后，补充完整。

转换结果：他人对我挑剔，我仍然开心，因为……

活动：

请用上面介绍的方法转换以下三种情景。

(1) 昨天老师布置了朗读的任务，说今天课上要请同学来朗读，我回家准备了很长时间，上课等着老师来点名朗读，可是我们小组除了我和另一位同学没有被点名朗读，其他人都被点到了。

目前困境：____________________。

转换方法：____________________。

转换结果：____________________。

(2) 今天在校园里遇到一位任课老师，我看见他明明走过来时看着我，可等我走到他面前叫他时，他却没有任何反应地走开了。

目前困境：____________________。

转换方法：____________________。

转换结果：____________________。

(3) 今天回到家后，我告诉爸爸我为班级争得了篮球联赛冠军的荣誉，没想到爸爸不但没有夸我，反而数落了我一顿，说我一天到晚打篮球，不在学习上花心思。

目前困境：____________________。

转换方法：____________________。

转换结果：____________________。

策略二：建立和谐的人际关系

遇到挫折时，朋友、家人的帮助和支持也是提高挫折承受力的重要因素。挫折承受力强的人都善于得到他人的帮助。

人际交往遵循互惠互利原则。你要想在困难时得到朋友的支持和帮助，那么在别人困难时，就应主动伸出援助之手。此外，应多与亲人、朋友交流思想，沟通感情，这是建立融洽的人际关系的重要一环。

活动：

我们的身边总有这样的人：他/她默默地做事，服务同学；他/她奋勇争先，为了班级的荣誉努力拼搏；他/她工作能力突出，在班级里有强大的号召力；他/她目标明确，为了实现理想坚持不懈……正是他们身上的优秀品质，使他们充满魅力。

(1) 请在表 8-5 中写下你认为具备优秀品质或特点的同学的名字，并说出他因为哪些品质或特点受同学们喜欢。

表 8-5　具有优秀品质或特点的同学列表

姓名	优秀品质或特点	体现

小结：受欢迎的同学普遍具有的品质有____________________________

____

____

(2) 请结合自己的特点，写下自己已经具备的品质和需要进一步完善的品质，以及完善这些品质的具体做法，并与同学进行交流分享。

自己已具备的品质：________________________________

需要进一步完善的品质及具体做法：________________________

____

____

策略三：确定适度的抱负水平

抱负水平是人们在从事某种实际活动之前，为自己设定的目标水平。挫折总是跟目标受阻联系在一起，挫折就是由有目的的行为受干扰，导致目标没有实现所引起的。目标对行为有激励作用，一般情况下，目标越高，行为动力越大，成就也越高。但是如果目标过高，超过个人能力所能支持的限度，人们的行为动力反而减小，并导致失败。

所以，遇到挫折时，应审视一下自己的目标水平，看它设置得是否得当，得当的目标应当有较大的把握实现，但又需要经过一定的努力才可能实现。

活动：

(1) 设定远景目标。

你目前的最大理想是什么，请写出来。

____

____

(2) 设定近景目标。

请将远景目标具体化，形成基于现在的近景目标，将目标细化。写出完成目标需要的条件。

____

____

(3) 请至少写出三句自我鼓励的话。

我一定要做到________________________________

我一定要实现________________________________

我一定要完成________________________________

反观自我

问一问

(1) 我所认为的挫折，给我带来的最大损失是什么？

(2) 我可以做什么以弥补损失？

(3) 如何落实到行动中？

想一想

阅读下面的小故事，说说你受到了什么启发。

如何面对不成功的人生

人生这出戏，每个人都是其他人人生中的龙套，但每个人是自己人生的主角，所以在我遭遇失败的时候，在我被观众喝倒彩的时候，我一个人也能而且必须唱下去。

对，我是北京大学的一名研究生，但高中的时候谁都想不到我是一个差等生，是那种全年级两百多人我考 180 多名的差等生，有一天这个差等生突然异想天开想要考北大，然后像个神经病一样去努力，当然高考的时候我还是没考上。有人说你失败了，我失败了吗？承认失败多容易啊，比那种日复一日的坚持跟忍耐容易多了！但是我不服气！四年之后，我考上了北京大学的研究生。如果一个人一辈子不做任何尝试，不做任何冒险的事，也不为任何事情努力，他永远都不会失败，他都没有资格遭遇失败！但是你不同，你做过梦，你发过疯，你哭过、笑过、奋斗过，你爱过、恨过，你也后悔过，于是，芸芸众生中一个普普通通的你却拼尽全力活出最好的自己，又有谁有资格说你的人生不成功。

一将功成万骨枯，成功这件事其实概率极低，毕竟猴子都知道往香蕉比较多的树上爬，权衡得失、趋利避害，是每一个动物的本能。可是在场的每一位朋友你们知道吗，追求这种近乎渺茫的成功正是我们人类区别于其他动物之所在，因为你几乎注定会失败，所以你期待成功的每一天都充满了一种叫作忐忑的幸福。

每一个理想都值得人拿一生去拼搏，人生这么短，我就选择做那种既盲目又热情的傻瓜，永远年轻，永远热泪盈眶，永远相信梦想，相信努力的意义，相信遗憾比失败更可怕，因为不成功的人生只是不完美，但是它完整。

泰戈尔说："天空没有翅膀的痕迹，而我已经飞过。"可是我的朋友，你知道吗，你自己应该懂，你自己在这片天空飞翔过。

(资料来源：https://wenku.baidu.com/view/b427c26402d276a200292efc.html，有删改)

活动拓展

活动主题：挫折让生命更精彩

【活动目标】

(1) 了解挫折对个人成长的重要性，以积极的态度面对挫折。

(2) 掌握承受挫折、战胜困难的一些方法。

【活动准备】

歌曲《真心英雄》、"成功计划"卡等。

【活动过程】

1. 活动导入

(1) 分组。按照就近原则，每4～6人分成一组，每组选出自己的小组长。

(2) 一首好的歌曲往往能打动很多人的心，使大家产生心灵上的共鸣。让我们随着音乐的节拍一起重温那首令人振奋的歌曲《真心英雄》。

教师引导学生思考：歌曲中的"彩虹"指什么？"风雨"指什么？这首歌告诉我们一个什么道理，你有哪些感想？

2. 感受挫折：掰手腕

掰手腕游戏结束后，教师引导学生分享，通过游戏体会到什么情绪？有什么感受？在生活中面对类似境况时自己是如何应对的？

教师简要总结学生经历挫折事件之后普遍的情绪或感受，以及应对挫折的做法。

3. 战胜挫折：心理情景剧表演《英语演讲比赛》

(1) 剧情简介：在英语演讲比赛中，你代表班级参加学校的比赛。可当你发表演讲时，音响突然发生了问题，这使你发挥失常，以致本来能稳拿第一的你未能获得名次。比赛后，你无意中听到王同学和李同学的议论："早知道这样，我们班就不该派他参加比赛！""是啊，如果你去的话，肯定能获得名次。"……

以小组为单位，每个小组推荐三名学生扮演其中的角色，扮演参加比赛的学生要将自己受到的委屈和自己的反应表达出来，教师进行适当的引导和总结。

(2) 请学生通过头脑风暴的方式交流积极应对挫折的方法。

(3) 教师总结。

① 客观分析挫折产生的原因，不逃避、不自责。

② 寻求克服挫折、解决危机的途径。

③ 增强心理承受力，积极进行自我暗示，学会宣泄情绪。

4. 积极自我完善：情景聚焦

每人拿一张"成功计划"卡，请同学们认真填写并在小组成员面前宣读自己的"成功计划"，建议同学们将此卡贴在醒目的地方，时常提醒、告诫和鼓励自己。

成功计划

学习不顺、考试受挫时，我要做到：________________

朋友关系紧张、同学之间有矛盾时，我要做到：________________

情感受挫(朋友之间、异性之间)时，我要做到：________________

我希望得到的帮助：________________

成功后，我要：________________

我的座右铭：________________

计划人：________________

日期：________________

【小组分享】

今天的活动中，你体会到了什么？感受到了什么？想到了什么？写写你的心得。

____

____

【注意事项】

(1) 在感受挫折环节，教师要注意回应或澄清学生以往经历挫折后的感受，指导或引导学生应对挫折的方法。

(2) 在战胜挫折环节的头脑风暴中，教师应创设平等、开放、尊重、安全的氛围。

(3) 在积极自我完善环节，教师要注意引导学生在“成功计划”卡上写出具体内容，且要具有可操作性。

参考文献

[1] 樊富珉. 团体心理咨询[M]. 北京：高等教育出版社，2005.

[2] 林崇德. 发展心理学[M]. 北京：人民教育出版社，1995.

[3] 刘学兰. 心理健康[M]. 广州：华南理工大学出版社，2017.

[4] 许晓霞，高惠华. 中职生心理辅导[M]. 北京：中国人民大学出版社，2014.

[5] 艾力. 你一年的 8760 小时[M]. 南京：江苏文艺出版社，2015.

[6] 陈家麟，郭亨杰. 高中心理教育指导[M]. 南京：南京师范大学出版社，2002.

[7] 曹梅静，王玲. 中小学心理健康教育课程设计[M]. 广州：广东高等教育出版社，2004.

[8] 皮连生. 教育心理学[M]. 3 版. 上海：上海教育出版社，2004.

[9] 彭聃龄. 普通心理学(修订版)[M]. 北京：北京师范大学出版社，2004.

[10] 司家栋，张付山. 班级团体心理辅导课程主题方案[M]. 北京：蓝天出版社，2012.

[11] 袁章奎. 心理制胜——高中心理必修课[M]. 广州：广东省语言音像出版社，2010.

[12] 袁章奎. 中学班级心理团体活动 142：为学生创造积极的心灵成长体验[M]. 北京：中国轻工业出版社，2013.

[13] 叶奕乾. 普通心理学[M]. 2 版. 上海：华东师范大学出版社，1997.

[14] 刘志华. 超级记忆力训练法[M]. 北京：中国纺织出版社，2014.

[15] 李猛. 思维导图大全集[M]. 北京：中国华侨出版社，2010.

[16] 彭聃龄. 普通心理学[M]. 北京：北京师范大学出版社，2001.

[17] 林崇德，杨治良. 黄希庭. 心理学大辞典(上)[M]. 上海：上海教育出版社，2003.

[18] 格里格，津巴多. 心理学与生活[M]. 北京：人民邮电出版社，2003.

[19] 张玲玲. 中小学心理健康教育的理论与实践[M]. 济南：山东画报出版社，2012.

[20] 生命该如何“教育”：5 个中学生中就有 1 人想自杀[N]. 中国青年报，2017.

[21] 吴发科. 心理健康教案集锦[M]. 广州：广东省语言音像电子出版社，2007.

[22] 泰勒 · 本-沙哈尔. 幸福的方法[M]. 汪冰，刘骏杰，译. 北京：当代中国出版社，2009.

[23] 邵颖. “空心”的时代，不“空心”的我们[J]. 检察风云，2016(24):40-41.

[24] 李媛，刘荃. 心理健康训练手册[M]. 北京：高等教育出版社，2010.

[25] 默克勒. 自我情绪调控 ABC[M]. 广州：广东教育出版社，2007.

[26] 韦志中. 中学心理健康教育[M]. 北京：中国轻工业出版社，2015.

[27] 沈健. 提高成绩从“心”开始——中高考心理辅导[M]. 吉林：吉林文史出版社，2012.

[28] 伏忠国，李云鹤. 中学生团体心理辅导使用教程[M]. 北京：知识产权出版社，2015.

[29] 凌志军. 成长比成功更重要[M]. 长沙：湖南人民出版社，2013.

[30] 余国良. 心理健康[M]. 北京：高等教育出版社，2009.

[31] 俞国良. 社会心理学[M]. 北京：北京师范大学出版社，2006.

[32] Harriet Braiker. 取悦症[M]. 姜文波，译. 北京：机械工业出版社，2015.

[33] 钟志农. 心理辅导活动课操作实务[M]. 宁波：宁波出版社，2009.

[34] 韦志中. 大学心理健康教育[M]. 北京：中国轻工业出版社，2015.

[35] 杨敏毅，鞠瑞利. 团体心理游戏设计与案例[M]. 太原：希望出版社，2010.

[36] 江光荣. 心理咨询与治疗[M]. 合肥：安徽人民出版社，2001.

[37] 吴重涵. 初中生家庭教育[M]. 南昌：江西教育出版社，2011.

[38] 桑志琴，邓旭阳. 大学生心理素质训练[M]. 上海：上海教育出版社，2006.

[39] 黄中天. 生涯规划[M]. 北京：中国财政经济出版社，2002.

[40] 洪向阳. 10 天谋定好前途：职业规划实操手册[M]. 上海：上海大学出版社，2014.

[41] 李菊顺，李世怡. 中学生心理健康教育[M]. 北京：科学出版社，2012.

[42] 王娟娟. 不抱怨的人生[M]. 长春：北方妇女儿童出版社，2015.

[43] 赵一，梁素娟. 世界最经典的心理学故事全集[M]. 北京：石油工业出版社，2009.

[44] 王甦，汪安圣. 认知心理学[M]. 北京：北京大学出版社，2006.

[45] 易红，闫丽萍. 学习风格研究的现状与思考[J]. 新疆教育学院学报，2009，25(1)：91-95.

[46] 阳志军，彭华军. 积极心理学[M]. 北京：机械工业出版社，2016.

[47] 霍华德·加德纳. 多元智能[M]. 沈致隆，译. 北京：新华出版社，1999.

[48] 林崇德. 智力结构与多元智力[J]. 北京师范大学学报(人文社会科学版)，2002(1)：5-13.